TRANSCENDING
REFLECTIONS OF CRIME VICTIMS
portraits and interviews by HOWARD ZEHR

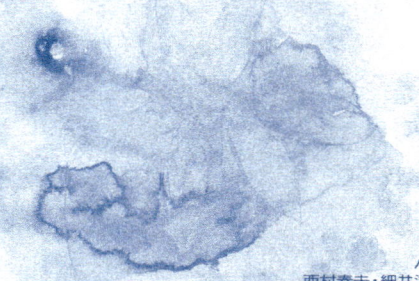

ハワード・ゼア [編著]
西村春夫・細井洋子・高橋則夫 [監訳]
西村邦雄 [邦訳]

犯罪被害の体験をこえて
生きる意味の再発見

現代人文社

犯罪被害の体験をこえて
生きる意味の再発見

TRANSCENDING
Reflections of Crime Victims

写真撮影＋インタビュー　ハワード・ゼア
portraits and interviews by HOWARD ZEHR

日本語版刊行によせて

　本書は、これまでの人生で厳しい暴力を経験してきたアメリカ国内の人たちの顔と言葉を紹介している。確かにこの人たちは自分が経験した心的外傷について語っているのだが、力を入れて語っているのは、自分の人生を取り戻す一歩一歩についてである。

　心的外傷を経験するほとんどの人がそうであるように、この人たちは多くの比喩を使う。段がなくなった梯子、胸の中のレンガ、棚の上のビデオテープといった表現を使う。ではあるが、皆に共通している一つの比喩がある。誰もが心の旅路に、今も続いている心の旅路の途上にあるのだ。

　本書で紹介されている人たちは北アメリカの出身者であるが、心的外傷の原因も兆候もそれぞれの文化的な状況によって幾分変わっている。とはいえ、文化の違いを超える心的外傷とそれからの回復の特徴もまたあるのだ。したがって私は、日本の読者の皆さんが、素晴らしい人たちと、そして叡智とのつながりを本書の中に見つけられると信じている。私としては、少なくとも、皆さん方の中にいる犯罪被害者やサバイバーへの共感と配慮を呼び起こしてくれるものと希望している。

　私が取組んでいる修復的司法の分野は、私たちがあらゆる次元の犯罪に関心を持てるように働きかけている。被害者同様に加害者に関してもである。したがって、本書がもう一冊の私の著書である、服役中の男女の顔と声を紹介している、Doing Life（『終身刑を生きる――自己との対話』）と同時期に刊行されるのはとりわけ時宜にかなっているように思える。

　私としては本書が日本で刊行されることは喜ばしい。日本ではフォトエッセイの豊かな伝統があるので、こうしてその仲間入りをさせてもらったことはとりわけ光栄である。

2006 年 5 月 11 日
ハワード・ゼア

目次

日本語版刊行によせて　　ハワード・ゼア　　iii

本書について　　　　　　ハワード・ゼア　　1

第1部：被害者の物語と想い

1 | はしご段が
みんな外されているんです。　　　　　リン・シャイナー　10
Lynn Shiner

2 | 本当に長い間、誰も私の言うことを
信じてくれませんでした。　　　　　ジャネット・ベック　15
Janet Bakke

3 | 私は、私がその決定をしたという事実を抱えて
生きて行かねばならない。　　　　　ドナルド・ヴォーガン　19
Donald Vaughn

4 | 私たちは、私たち自身の悲しみの責任を
処理しなければならないだけでなく、
コミュニティの悲しみも
何とかしなければならなかった。　　　バーバラ・アイレス　22
Barbara Ayres

「本当に、本当に自分を見つめ直すのには、
殺人が一番だ。」

5 | 私の残りの人生を生きる行程表は
　　どうなったのでしょうか。　　　　　　デブラ・フランク　28
　　　　　　　　　　　　　　　　　　　　Debra Frank

6 | あなたはこんなにいろんな支援を受けていますが、
　　ある日、それは終わります。　パム＆ロバート・アイアーズ　32
　　　　　　　　　　　　　　　　　　　　Pam & Robert Ayers

7 | 殺人は"Cで始まる言葉、"Cancer（癌）
　　ようなものです。タブーです。　　エミー・モクリッキー　36
　　　　　　　　　　　　　　　　　　　　Amy Mokricky

8 | 裁判が終わったとき、私たち夫婦はうまく折り合いを
　　つけなければならなかった。
　　　　　　　　　　　　　エマ・ジョー＆ハーバート・シュナイダー　39
　　　　　　　　　　　　　　　　　　　　Emma Jo and Hebert Snyder

9 | 私は私の道を
　　見つけなければならなかった。　ルイーズ・ウィリアムズ　43
　　　　　　　　　　　　　　　　　　　　Louise Williams

「これまであったものを破壊し、
　もう一度作り直すようなものだ。」

10 │ 私は、生きるべきか否かを
　　　決めなければならならなかった。　　　　　　キム・ムジカ　48
　　　　　　　　　　　　　　　　　　　　　　　　Kim Muzyka

11 │ 人は私のことを私が受けた逆境と
　　　悲嘆だけで語ろうとする。　　　　　　フランク・シロフスキー　51
　　　　　　　　　　　　　　　　　　　　　　　Frank Silovsky

12 │ あなたは実際にそうなってみるまで、どう対応すれば
　　　良いのかわかりません。　　　　　　シエリー・ブランズフォルト　55
　　　　　　　　　　　　　　　　　　　　　　Sherri Brunsvold

13 │ 私は、1995年4月19日に、すっかり落ち込み、
　　　身動きが取れなくなってしまった。　　　　バド・ウェルチ　59
　　　　　　　　　　　　　　　　　　　　　　　Bud Welch

14 │ 私は、こんなにも深く、暗い、階段のない穴に
　　　落ちてしまった。　　　　　　　　　スーザン・ラッセル　62
　　　　　　　　　　　　　　　　　　　　　Susan Russell

15 │ 陪審は彼を無罪だとした。
　　　私は打ちのめされた。　　　　　　　リカルド・ウィッグス　66
　　　　　　　　　　　　　　　　　　　　　Ricardo Wiggs

「私にとっての希望の光は、
　最終的には正義が行われるだろうということだ。」

16 | 彼は私の意識にとりつくようになった。　　デボラ・ブラッカー　72
　　　　　　　　　　　　　　　　　　　　　　Deborah Brucker

17 | 正義とは真実を知り、真実に基づいて行動することである。
　　 しかし私には、真相全体がわからない。
　　　　　　　　　　　　　　ジョーゼフ・プレストン・バラッタ　75
　　　　　　　　　　　　　　　Joseph Preston Baratta

18 | 私のしたことが、彼女の死の一因と
　　 なったのだろうか。　　　　　　　　　ヴィンセント・トーレス　80
　　　　　　　　　　　　　　　　　　　　　Vincent Torres

19 | このような悲劇は臓腑をえぐるようなものだ。あなたは
　　 打ちひしがれてしまい、再起不能だ。　　　キース・ケンプ　84
　　　　　　　　　　　　　　　　　　　　　　Keith Kemp

20 | 加害者の一人の嫌疑が晴れたということで
　　 私は怒りを感じています。　　　　　　　レランド・ケント　87
　　　　　　　　　　　　　　　　　　　　　Leland Kent

21 | 突然です。自分の力ではどうしようもないと
　　 知らされます。　　　　　　　　　ファン&マーサ・コテラ　90
　　　　　　　　　　　　　　　Juan and Martha Cotera

「私たちは落ちて行きながら、何でもいいからしがみつきました。
　そんな中の一つが、赦しでした。」

22 | 憤激──それは、その上にタップリとチリソースを
　　 流し込んだ憎悪だ。　　　　　　チャールズ・E・ニップ　100
　　　　　　　　　　　　　　　　　　Charles Nipp

23 | 私には、私の怒り、恐怖を鎮めることは
　　 できなかった。　　　　　　　ジェームス・コステルニューク　103
　　　　　　　　　　　　　　　　　　James Kostelniuk

24 | 私たちは、判事と制度を赦すのには
　　 苦労しています。　　　　　　　　コンラッド・モア　111
　　　　　　　　　　　　　　　　　　Conrad Moore

25 | 私たちは、暗黒の奈落の底へと落ちていった。
　　 死に物狂いで足場を探しながら。　ウィルマ・ダークセン　116
　　　　　　　　　　　　　　　　　　Wilma Derksen

「チャールズと握手をするなんて…
吾が息子を殺した銃を握った手と。」

26 | 私の生活が元通りになり始める度に、
彼がテレビの画面に現れるのだった。　　ポーラ・カーランド　122
　　　　　　　　　　　　　　　　　　　Paula Kurland

27 | あなたの家の中を
竜巻が通り抜けたようだ。　　　　　　　ジョアン・ヴォグ　126
　　　　　　　　　　　　　　　　　　　Joanne Vogt

28 | 私は自分が良い気分に
なれそうにもなかった。　　　　　　　ダイアン・マグヌスン　129
　　　　　　　　　　　　　　　　　　　Diane Magnuson

29 | なんだかいつも、
監視されているようだ。　　　　　　　　サンディ・ホーツ　133
　　　　　　　　　　　　　　　　　　　Sandy Houtz

30 | 私は毎朝「彼が今日死んでくれますように」と思いながら
目覚めるのでした。　　　　　　　トーマス・アン・ハインズ　137
　　　　　　　　　　　　　　　　　　　Thomas Ann Hines

31 | 自殺をするか、あるいは生きて行くための何かを感じるかの
どちらかだった。　　　　　　　　　　　ビオン・ドルマン　142
　　　　　　　　　　　　　　　　　　　Bion Dolman

「それは、ピースをはめ込むやり方が一通りだけではない
　ジグソーパズルのようだ。」

32 | 私の怒りが収まるまで私は走ろう、
　　 と思いました。　　　　　　　　　　　ペニー・バーンツセン　150
　　　　　　　　　　　　　　　　　　　　　Penny Beerntsen

33 | 素顔のサンディは、恥ずかしさと憎しみと
　　 拒絶される恐怖感で一杯だった。　サンドラ・(サンディ) マーフィ　157
　　　　　　　　　　　　　　　　　　　　　Sandra Murph

34 | 私の人生は非常に多くの点で
　　 変わりました。　　　　　　　　ジャクリーン・M・ミラー　161
　　　　　　　　　　　　　　　　　　　Jacqueline M. Millar

35 | 私には、私の両手が、彼の喉の周りに伸びて行き、
　　 彼を殺しているのが見えた。　　　　　　ジョン・セイジ　164
　　　　　　　　　　　　　　　　　　　　　　John Sage

36 | 私は怒った、そして、多くの怒れる人々と
　　 連絡を取った。　　　　　　　パトリシア・ロバーツ・ゲイツ　167
　　　　　　　　　　　　　　　　　　Patricia Roberts-Gates

37 | あなたはすべての小さい数字を手にしている。
　　 しかし、そのどれもが役に立たない。　エレン・ハルバート　169
　　　　　　　　　　　　　　　　　　　　　Ellen Halbert

38 | みんな私のせいだ。そして私は能無しだ。
　　 私は汚れている。　　　　　　　　　　ゲイル・マクナブ　175
　　　　　　　　　　　　　　　　　　　　　Gayle Macnab

39 | あなたは私に何を言おうとしているのですか。私は、何を
　　 聞き漏らしているでしょうか。　　　エリザベス・ジャクソン　183
　　　　　　　　　　　　　　　　　　　　Elizabeth Jackson

第2部：バーマひげそりクリームの看板を求めて
　　　――被害（者）化と、司法の責務　　　ハワード・ゼア　　187

被害者問題に関する全米の情報源一覧　　207
謝辞　　208
写真撮影について　　210
著者＝写真家について　　211
訳者あとがき　　213
解説　ゼア博士自身の新たな体験の書　西村春夫　　215

　　　　凡　例
　1．原則的に、英語の流れに沿った和訳を心掛けた。
　2．違和感がない範囲で！、？も表記として残した。
　3．人名表記の中には実際の音とは異なるものが含まれる可能性がある。
　4．" " は、「　」カギ括弧とした。
　5．原著のイタリック体は、傍点付き文字とした。
　6．文献名は、原則として、原注のまま表記した。
　7．日本語版では、判型は、原著Ａ5変型判をA5判に改めた。

TRANSCENDING: REFLECTIONS OF CRIME VICTIMS

Copyright ©2001 by Good Books, PO Box 419, Intercourse, PA 17534
International Standard Number: 1-56148-337-0
Japanese translation rights arranged
with Good Books, Intercourse, Pennsylvania
through Tuttle-Mori Agency, Inc., Tokyo

本書について

ハワード・ゼア

　本書の核心部分をなすのは、私たちが知りうる最悪の悪夢を経験してきた人たちの想いを伝え、映し出している、言葉とポートレートである。ここで紹介する暴力犯罪のサバイバー（Survivors．訳者注：字義通りには生存者。被害者学では犯罪被害から立ち直りつつある、あるいは立ち直りを模索している被害者、その遺族を指していう言葉。被害者の代りにサバイバーを常に用いる被害者支援家もいる。本書ではサバイバーとした）は、悲惨な出来事とその心的外傷について語るが、そこで終わらない。彼ら、彼女たちは更に続けて、これらの経験を乗越えて、新たな人生を築き上げるために辿った心の旅路について語り、それぞれの想い、考えを述べる。ここに紹介する誰もが、この心の旅路は苦痛に満ちていて、今もまだ終わってはいないと語るが、中には、心の安らぎを見出したという人もいる。精神的に強い、と言われることに異議を唱える人もいるが、大半は、新たに「強さ」のモトを見出している。そのまま続くはずであった人生が途中で中断されたり、破壊されてしまったのに、彼ら、彼女たちの多くは、新しい価値基準を見出している。本書は逆説と驚きの書である。一般的な犯罪被害者（以下被害者）の固定観念を持っている読者には予想外の書であるかもしれない。

　通常私たちがこのような経験や経緯を表現するのに使っている語彙では問題が起きてしまう。凶暴な暴行や愛する人を失った後で、あなたは回復や立ち直りをしますか。リン・シャイナー（本書10〜14頁）は、そのようには思わない。あなたは癒えますか。確かに、あなたは終結を見ることはありません。――エマ・ジョー・シュナイダー（本書39〜42頁）やその他の人たちがそのことを証言する。本書で語ってくれる人たちは、そういった語彙の代りに比喩――ジグソーパズル、行程表、繋がった鎖、Burma Shave（訳者注：ひげそりクリーム会社名）の看板、石、薔薇――を選ぶ。

　些か不安に駆られながらも、私は本書の焦点として、被害者学の分野では通例使われることのない用語ではあるが、transcending（超えて）という言葉にすることに決めた。Merriam Webster's Collegiate Dictionary, Tenth Edition

1

での定義は、本書に出てくる証言のいくつかの重要な趣旨をうまく捉えている。すなわち、限界を突破しているか、超えている。否定的あるいは限定的な見方に打ち勝っている。通常の限界を超えて著しく拡がっている。

　かつてチェコスロバキアが共産主義体制下にあったときには反体制活動家で、後にチェコ共和国大統領となった、バァクラフ・ハヴェル（Vaclav Havel）は、彼の目に映った選択肢を次のように述べた。「超越だけが死滅に代わりうるものである。」

　ところで、ここにあるのは、奈落の底に直面し、それを超越した男女、超越の過程にある男女、あるいは、超越への上昇の足掛かりを探し求めている男女の言葉と顔である。本書の第1部では、彼ら、彼女たちが、その想い、考えを語る。

　第2部では、私が私自身の想い、考えを語る。そこでは以下に述べる疑問点を検討しながら、被害（者）化（victimization）とは何なのか、司法が被害者に負っている責務とは何なのかを理解するための私なりの試みを提示する。暴力犯罪は何故これほどに心的外傷を残すのか。被害者は、彼らの経験を切り抜けるために、そして多分、超越するためには、どんな経過をたどらねばならないのか。その経過の中で、司法はどんな役割を果たせるのか。第2部で私は、被害者の現実に基づいた、概念的で分析的な枠組みの提示を模索する。

私たち自身の恐怖が私たちを怖気づかせる

　本企画での私の目標は、私たちすべてが――一般市民、司法専門家、改革提唱者――被害者の経験、視点、ニーズをより良く理解できるようにすることである。実際のところ、私たちの内的な防衛機制が働くために、私たちは、これらの心的外傷の可能性と直面しないで済むようになっている。私たちが他人の暴力行為の経験を聞くとき、いわゆる「代理被害者化」のために、私たちは同様の感覚に陥りやすい、脆弱性を持っている。この脆弱性を避けるために、私たちはたいてい聞かないふりをするのだ。そして私たちは、被害者に起こったことに対して被害者を責める。つまり、それは彼らのせいだ。私だったらそうはしないだろう、だから私は安全なのだと。私は本書が読者の意表をついてくれることを願っている。つまり、本書がこれらの自己防衛と固定観念を打破し、私たちがわからないことを理解し、受け容れられるようになるための弾みになって欲しい。

「他の人たちのためにロープを降ろして」

　また私は、本書が、スーザン・ラッセル（本書62～65頁）が言っているように、このような悲惨な出来事と心的外傷を経験している他の人たちにロープを降ろすようになることを願っている。理想的には、この被害（者）化の経過中で異なった地点にいる人たちが、他者の想い、考えの中に、何らかの手掛かりや希望を見出せるかもしれない。と同時に、もしあなたがそのような状況にいるとしたら、私はあなたに、本書に登場している人たちとあなた自身とを比較したいという気持ちを抑えるようにお願いしたい。どの人の心の旅路も異なっており、従って、本書の中での声は手掛かりや考え方を含んでいるかもしれないが、それらは決して行程表や共通の目的地を提示してはいない。私は本書を説教やら処方箋を集めたものにするつもりはない。私は、超越の言葉に目を奪われることによって、暴力行為の心的外傷の存在が軽視されないことを心から望む。事実、苦悩はまさしく実際にあるわけで、これを事実として認め、理解することが極めて重要である。

　私自身、本書に登場する人々が話すことすべてについて完全に納得しているわけではないので、読者もそうであるかもしれない。しかしここで語られていることは彼らが経験したことであり、彼らの意見であり、それらには耳を傾けなければならない。私は修復的司法の分野で仕事をしている（この点については本書187頁からの第2部「バーマひげそりクリームの看板を求めて：被害（者）化と司法の責務」を参照していただきたい）。修復的司法の基本原則は、司法手続は被害者中心でなければならないということだ。これは、被害者の声に耳を傾けなければならないということと、被害者のニーズ——被害者が規定するニーズ——に本気で取り組まなければならないということを意味する。被害者は、彼らが言う必要があることを言う権利と、いるべき場所を有しなければならない。ビオン・ドルマン（本書142～147頁）が極めて雄弁に証言しているように、そのような機会は、司法手続においてさえも、被害者にはほとんど提供されていない。本書は、このような機会を、非難されることなく提供するための一つの試みである。

合　唱

　私は勿論、それぞれ1～4時間に及んだインタビューから本書掲載の内容を抜粋した。それは必然的に選択の過程を含んでいる。しかしながら、私は時には言われていることの順番を変えたり、明瞭さや前後のつながりのために若干の加筆をしたが、ここに出ているのは彼ら自身の言葉である。とはいえ、それ

らが彼らの言葉のすべてというわけではない。私は本書を、劇的な読み物、ないしは多くの声部と役割を持った合唱のようなものとして構想してきた。本書に掲載するにあたっての一つ一つの選択が、数々の証言から成る合唱の一つ一つの声部を成す。私は必ずしもそれらをすべてここで書き留めてはいないが、共通した主題が多くの人たちによって表明されている。ある人物の経験および／あるいは、その人物の自己確認（アイデンティティ）にとって、とりわけ肝要だと思われる、それぞれの物語の独特の側面を含めるように努めた。

　本書で取り上げた人々の多くが、暴力行為の経験から少しばかり距離を置いているとしても、彼らの見方が変わらないままでいることはない、つまり、ものごとの理解や解釈は常に流動的である、ということを強調しておかなければならない。したがって、本書で選んだ一人一人は、時のある瞬間、心の旅路のある特定の時点を反映しているのであって、その当事者が今どのように感じているのかを完全に表すものではない可能性がある、ということに留意しておいて欲しい。この点は、私が選択し、実際に更新情報を加えた何人かについては明らかである。

本書に登場しているのはどんな人たちか。

　インタビューをする対象の人選と編集作業において、私は、被害者の経験を特徴づける、多様性、複雑性、多義性、矛盾といったものを盛り込みたかった。同時に、本書は、男女別、民族的背景別、地域別（インタビューの場所は実際には広範囲に及んだが）に見て、充分にバランスの取れた構成にはなっていない。有色人種が、彼らの加害行為の発生率に比して、少なめに取り上げられている。スラム街の人たちも同様に、少なめに取り上げられている。女性と殺人事件のサバイバーが多めに取り上げられている。これは、部分的には、私の照会筋が、主として、被害者支援団体や、少数の修復的司法プログラムであることに起因しているかもしれない。あるグループの人々は他のグループの人々に比して、これらの団体やプログラムをより活用し、時間をかけて関係を維持することがあるのではないだろうか。

　紹介を依頼した際に、私が注文をつけたのは、以下の点だけである。その人物が、何らかの深刻な暴力犯罪を経験していること。心的外傷から最低でも3年経過していること。起きたことについて、思い巡らす用意ができていること。彼らが何らかの特定の考え方や経験を有することを求めはしなかった。

　私なりに探求したいと望んだある種の事柄があったが、私の取り組み方は、

制限のない自由なスタイルの、対話形式であった。彼らに、事件について簡単に私に話してもらえるかどうか訊ねたあとで、私はたいてい、「そのようなことがあったあとで、あなたはどうやって生き続けていますか。どのようにして人生を立て直していますか。」と訊ねた。もう一つ最初のうちに訊ねる質問は、「あなたが取り組まねばならなかった主な課題、あるいは問題は何ですか。」だった。私たちはそこから始めて、更に様々な段階や岐路について、言語、儀礼や比喩について、そして正義と信仰について語り合った。

　赦すことの問題もよくテーマに上がった。私はとりわけ、心的外傷と超越状態の中での、意味づけの崩壊と再構築に興味を覚えていたので、私たちはよくそのことについて語った。私が訊ねる取っておきの質問は最後にした。それらは、「このことがあったために、あなたはどのように変わりましたか。」「『正常』になる／である、ということは、そうなる前／後とどのように違っていますか。」「このことがあって、何か良いことがありましたか。」「life（訳者注：人生、生きるということ、命、生活）の意味について、あなたは何を学びましたか。」だが、これらの質問をすると、彼らはたいてい笑うか、唸った。

　私にとって、これらの対話は、感動的であり、奮い立たせるものであり、思いがけないものであったが、また同時に難しかった。企画が進むにつれて、気がついてみると私は、次第に情感的になっており、時には、インタビューの最中に、私がインタビューをしている本人が平気でいるのに、私の方が目に涙をためていることがあった。インタビューを終えて私はよくこれらの人たちのことを、そして彼らの経験したことについて考えた。生きるうえでの課題、意味、信仰について新たな形でじっくりと考えてみて、感動を覚えた。時には休息の時間を求めることもあったが、途中で止めたいとは決して思わなかった。間違いなく私は実に多くのものを得た。そしてそのことに感謝している。

インタビュアーの責任

　本書で話が取り上げられている人たちは、骨の髄まで震撼させられるような強烈な経験を経てきている。この企画があるまでは、経験したことを公表しなかった人たちもいる。彼らが快く、見ず知らずの人間に、彼らの人生に立ち入らせ、これほどの深さと親密さを共有し、これほどまでに信頼を寄せてくれることは、私にとって、神からの贈り物であると同時に、畏れ多い責任を感じる。友人のイングリッド・デサンクティス（Ingrid DeSanctis）は彼女の演劇の学生に、「誰かに代わって何かをするということは神聖なる信頼があるからだ。」と語っ

ている。まさにその通りだ。私はその信頼を裏切ることのないように一所懸命に努めてきた。

　私がクラスで調査を教えるとき、私は学生たちに、聞き取り企画を実施する際には、彼らが話を聞く対象と、一種のパートナーシップ（提携関係）を作り上げることを強く主張している。私は学生たちに、彼らには彼らのパートナーに対して責任があるということ、彼らに対して何らかの形で説明責任があるということ、そして、学生たちの責任には、可能なときにはいつでも、何かお返しをしなければいけないということも含まれるのだと言って釘をさす。本企画を通して私は、これらの原則に従って行動するように努めてきた。すなわち、サバイバーの利益を念頭に置いて企画構成すること。参加者には写真とインタビュー起こしを提供すること。誠実に編集すること。どの部分を掲載するかについてはインタビューを受けた人たちからの意見を懇請すること。そして、多くの被害者や被害者支援者に原稿を読んでもらい、提案をしてもらうこと。

　本書で掲載されているのは、私がインタビューをした人たちの声であり、写真ではあるが、それらは、私の構想によっても形作られていることを認めなければならない。質的な研究法の文献が述べるところでは、インタビューを通じて得られる知識は、常に、対話に参加したすべての人たちの相互作用を通して、相互に築き上げられていくものである。本書で述べられていることは、私たちの相互作用や編集作業によって何ら影響を受けていないとか、純粋にインタビューを受けた人たちの声だ、と主張することは妄想と言えるだろう。

　安心して内省的な質問に応じることができる環境を提供することによって、私は、インタビューそのものが、あるいは、彼ら自身がインタビューを後になって読む機会があれば、それらを通して彼らが自分たちの経験についての新しい洞察力を得たり、新しい方法で物事をまとめあげられるようになることを私は願っている。どうやらこのことが本企画の多くの参加者に起こっているらしいということで、私としては感謝している。ジョーゼフ・バラッタはインタビューの終わりに、「このことについてこれだけの年月が経った後でやっと語れるということは、幸運なことであり、助かっています。」と語っている。ペニー・バーンツセンは、彼女の、編集され選択された箇所を見た後で、「超越は進行中です。そしてこの企画のお陰で私は新たな、より良い場所に移ることができました。」と返事をくれた。私がデブラ・フランクに、彼女の掲載予定の部分を送ってそれに対する返事を求めたときに、以下の内容の電子メールを受け取った。「私は今晩、『私の物語』を何度も読みました。最初は、涙のベール

越しでした。そうなんです。苦悶はいつも離れません……二度、三度と読むうちに、私は、私の人生のあらゆる良い面と、私の母との素晴らしい関係を思い出しました。」と。私としては、この仕事が、記録として、また過去を偲ぶよすがとしても役立ってくれれば嬉しい。

　本書では研究用語を使ったが、私としては、自分がドキュメンタリー制作の伝統的な手法を使っているのを見ると非常に落ち着ける。ドキュメンタリーに関わってきた人たちは、人間とその人の経験に、声とアイデンティティ（その人らしさ、その人であることの確認）を与えようと試みながら、写真と言葉を一体化させる実践を長いことしてきている。彼らはまた、ドキュメンタリー制作というものが、彼ら自身の歴史と見解によって影響を受ける主観的な過程であるということと、それには科学と同程度に、芸術と直感を必要とするということを認識している。ロバート・コールズ（Robetrt Coles）は、そのことを彼の著書、Doing Documentary Work（『ドキュメンタリーの仕事をして』）の中で、以下のように要約している。

　——ドキュメンタリーの仕事をするということは遍歴であり、そしてまた少しばかりそれ以上のもの、境界（規律、職業上の制約、諸定義、しきたりなどどれも皆、他を寄せ付けない独立形式なのでそれぞれの往来は閉ざされている）を越える通行でもある。探索にもなり得る通行である。巡礼にさえなり得る。「十戒」のような石板の上にだけでなく、私たちが話しを聞いたり、姿を見たりでき、理解できるようになる人々の生きている心の上にも刻み込まれている、神聖なる真実に向けての運動である。そうすることによって私たちは、私たち自身の人間らしさの中に——この地上で私たちが認められている短い滞在の間に、他者とまさにそのようなつながりを作ることこそがその本来の性質である、この地球の生き物として確認されることを希望する（145頁）。

　私にとって、本書のようなドキュメンタリーの仕事というのは、人々がそれぞれに想いを分かち合うのをお手伝いするための手段であり、人間同士を隔てている深い溝に橋を架けようとする一つの形である。ある芸術家が、「芸術家とは、身を切るような最先端にいることを想定されているものだ。私自身は心を癒す最先端にいたいものだ。」と話していた。そのイメージ、つまり、身を切るような最先端でではなく、心を癒す最先端で仕事をするというイメージがあったからこそ、本書をまとめることができた。

第 1 部

被害者の物語と想い

1 はしご段が みんな外されているんです。

　私の前夫のトムは、1994年の1月から9月までは、ジェニファーとデイヴィッドにはまったく会わないという選択をしていました。それが9月になって、いきなり、二人の生活の一部になりたいと思い始めました。何かが変わりました。そして私はそれが前向きなことだと思っていました。クリスマス・イヴの日、彼は二人を車で迎えに来ました。恐らくそのときまでで彼がそれほど気分を良くしているのを私は見たことがありませんでした。翌朝私たちは、彼がジェンとデイヴを刺し、その後自殺したと知りました。

　ほとんど知りませんでした。そのすべてが起きるまで。彼が、自分でしなければいけないことすべての実際のチェックリストを持っていたなんて。そして最後の項目がジェニファーとデイヴィッドを殺すことだったのです。彼はデイヴィッドが悪魔で、ジェニファーが天使だと考えていました。後になってわかったのですが、彼は自分を神だと考え、現世から彼らを救うことによって何かしら素晴らしいことをしていると考えていました。

あの後、私が唯一休みなく続けていたのは、仕事だけでした。私には、ジェンとデイヴがいませんでした。私には、私の家に泊まったり、寝たりすることには耐えられませんでした。それで私は家を失いました。私が友達だと思っていた人は友達ではなくなりました。まるでゼロから出発するようでした。

私は絶えずパニック発作に襲われ、本当に自殺の誘惑と戦いました。私はいろんなことを再現してみました。──私のいつもの行動は、毎晩浴槽に入って、すべてのことを何度も何度も再現することでした。私はジェニファーが倒れていたように横になりました。デイヴィッドの姿にも合わせて横になってみました。ジェニファーは先に殺されたので、何が起きたのかわかりませんでした。最も辛いのは、デイヴィッドがその時にどんなこをを感じたかということでした。どうして、一体どこの父親があのようなことができるのでしょうか。「たら・れば」は私にとってはまさに果てしないことでした。何もかもわからないことだらけで、私は幻影と思い出に押し潰されました。

世間の人はどうしたらよいのかわからなかったので、私を避けました。もし事件のことを持ち出したら、私を傷つけるだろう考えました。そこで私たちの関係は次第に薄れていくだけでした。私はジェンとデイヴに関わりのあった人たちを必要としました。しかし時が経つにつれて、時々私は、このグループの友人たちは、私が悲しんだままでいて欲しい、つまり、彼らは私に前に進んで欲しくないのだと感じます。この人たちとの繋がりはなくなっていると思えます。

リン・シャイナー（LYNN SHINER）

　私には何も整理し直すことができません。何故ならば、もし私がそうしたら、私はまさにごちゃ混ぜになった断片を拾い上げて元通りにきちんと整理してしまうでしょうから。今の感じはというと、はしご段がみんな外されているようなものでしょうか。私ははしごの一番下にいて、まったく最初からすべてをやり直さなければなりません。新しい人生を築き、作り上げるのは自分自身なんです。私には、昔の生活でうまく馴染んでいたいくつかの部分があります。

　私は、ジェンとデイヴをまったく知らない、私の友人キャロルたちとの交友を楽しんでいます。彼女には被害者としての経験があるということが、プラスになっていますし、彼女は私をただあるがままの私として理解してくれています。私は無理なく私でいられます。ですから、私が人生を楽しみたいといって

も問題はありません。私がキャロルに会うとき、ジェンとデイヴとの関連は何もありません。今の私には、記憶を呼び覚ます人は必要ではありません。何故なら、ジェンとデイヴは私の中にいるからです――二人は今まさにここにいます。彼らは絶えず私と一緒です。

今の私は、起きてしまったことをあれやこれやと思い悩まなくてもよくなっています。どれだけ多くの「たら・れば」を繰り返しても、私には彼らを取り戻すことはできません。私の心の中にはガラスの扉がついた食器棚があります。そしてそれには鍵がついています。かなりの頻度で私はこの食器棚を開け、ジェンとデイヴを取り出します。ジェンとデイヴに起こったことを私はよく思い出します。でも平気でいられるようにするために彼らをもとに戻します。私は彼らを中に戻し、扉を閉めますが、それは、あの殺人という、取るに足りない部分が入れないようにするだけのためです。私には非常に素敵な思い出があり、ここに彼らの存在感があります。彼らはここにいます。私と一緒にいます。そして彼らは私に始終、存在を暗示するものを残しています。

初めのうち私は、私には幸せになる権利などないと感じていました。それが大きな葛藤でした。ジェンとデイヴがいないのに、どうして私は幸せになれるのでしょうか。もっと幸せになれるでしょうけれども、今の私は幸せだと言えます。そうなんです。とても落ち込むことがあります。でもそれほど度々ではありません。落ち込むとき、理由を説明出来ないときもありますが、何かがきっかけとなっているからというときもあります。クリスマスには、私はひどく落ち込んでしまいます。私はクリスマスをまったく祝いません。

私の今の夫のポールがいなかったならば、私は今ここにはいないだろうと思います。私が自殺を考えたときはいつでも彼は、私が彼に話すことを望みました。私に対して怒るのではなく、彼は、「いいからそれについて話してごらん。」と言うのでした。時によっては、話しをして、そういったことを考えないでおくと、私の気分は良くなりました。彼は本当に支えでした。それと、忙しくしていることは大切なことでした。私は夫とランニングを始め、二人でマラソンに向けてトレーニングしました。一日が終わるまでには、私は完全にヘトヘトになっているのでした。そうやって私は、フラストレーションや怒りの多くを排除したのだと思います。本もたくさん読みました。読書のお陰で、私は狂ってはいないということがわかりました。

それと、以前は一度もペットを飼ったことはなかったのですが、この子が――この猫ですが――悲嘆にくれているときには、大変重要でした。動物たちは、

あなたの気分が晴れないときがわかって、ただあなたのところにやってきて、あなたの胸に擦り寄ってきます。

　私は夢の中で、あなたが思いつく、最も吐き気を催すような、身の毛もよだつようなやり方で、トムを、少なくとも20回以上は殺しました。私は彼を、無益に苦しめました。そうすると私は気が非常に動転して目覚めるのでした。あなたには人を殺せないと思うでしょうが、そうした夢の中では、引き金はとても簡単に下りるんです！夢に過ぎないとはわかっています。それは私ではありません。私が人を傷つけるとは思いませんが、そのことを経験するまで、どうしてわかるでしょうか。

　私はまだ、完全に自分を抑制できる状態ではありません。しかし私は、ただ生きているだけを望むようなことはしないと心に決めました。私は生きることを大切にします。そして、生きることにおいてひどく不公平な扱いを受けているジェンとデイヴのために、私は、償いをするつもりです。それは、私たち三人が一緒になって決まりきった日課を過ごしているようなものです。彼らは私と一緒です。ですから、私が生きることを大切にしなければ、それは間違ったことになるでしょう。もし私が自分自身の人生を大切にしなかったら、彼らは私のことをどのように思うでしょうか。私は、彼らが与えたであろうことの埋め合わせをする必要があります。私は世直しをしたり、世界を変えるつもりはありません。しかし私がこの世にいる限りは、何らかの影響を与えたいです。彼らは私と一緒にいるのですから、私のことを誇りに思っています！

　あなたは、私がこれまでにどんなことをやってきたか知っていますか。最初にしたことは、ジェンとデイヴを偲ぶゴルフ・トーナメントの開始でした。そして今では、私たちは入札式競売もやっています。今年は5万ドルの寄付金を集めたいと考えています。そしてその全収益金は、DV（家庭内暴力）関連企画に使われます。

　トムがジェンとデイヴを殺した後になって、私は、彼がランカスターにあるディスク・ジョッキーにストーカー行為をしていたことを知りました。彼女は、トムの子どもたちのことが心配なので、母親には連絡を取らなければいけない、という内容の電話を警察にかけ、手紙を二通出していました。私が最初に訊きたかったのは、「いったいどうして私には連絡がなかったのでしょうか。」ということでした。それが、「ジェン・アンド・デイヴ法」成立のきっかけでした。同法は現在議会を通過しましたが、同法によれば、もし二人の人間が保護観察中の状況にあるとき、各人は、もう一方の人物の犯罪活動に関して調査する権

利を有する、とあります。私は知事によって、被害者支援諮問委員会の委員に指名され、今は、補償・和解部会を任されてています。

レッド・ブック誌（女性総合誌）が記事を掲載し、その中で、何故私がこのようなことをしたのかと質問しました。そのときの私の応えは、私が自己中心的だから、というものでした。もしそれが他の人々にとってプラスになったら、それはそれで構いません。でもそれは、おまけです。今、時が経つにつれて、私は違うように感じています。それは最早、単に私のためだけではありません。

今の私は違います。私は過去の私より有利な立場にあると感じています。私が以前、「小さなことで悩むのはおよしなさい。」と言ったとき、私は、ただ口先でそう言っただけでした。今の私には、それは心の中にあります。非常に多くのことが最早私には何の意味もありません。いろいろあって私は忙しいですが、実はもうそれほど急いでいません。私には、どこからかふっと湧いてきた、人と上手く付き合える術があります。私には、そんな術がいつもあったのかどうかわかりません。しかし今私は、単に課題を処理しているのではなく、人間を扱っているのです。

私は赦す必要があるということは知っているので、私が死の床にあって、あと5秒だけしか残っていないときになってやっと、私は彼を赦すでしょう、という冗談を私の友人に言います。今は、間違いなくその必要はありません。その目的はなんでしょうか？　神は誰に対しても、人は赦す必要があると言っています。ですから、私は、まさにぎりぎり最後のところで、こっそりと赦しを忍び込ませましょう。

18ヵ月後……最近の経験を通じて、私は、今でも私の頭の中にある、暗闇と怒りを、そしてそれらが私から奪い去るエネルギーの総量を実感するようになりました。彼は私の過去を台無しにしました。私は、彼に私の将来までも破壊させないようにするために、赦しについての考え方を玩具にして遊び始めているところです。

リン・シャイナー

2 本当に長い間、誰も私の言うことを信じてくれませんでした。

　私が11歳のとき、私は私の祖母に、「人生ってどうしてこんなに辛いものなの。」と訊ねました。祖母は、「私にはわからないわ。でもね、あなた、これだけは覚えておいてね。私たちはみんな、理由があるから生まれて来たのよ。どういう理由なのかがわかる前に辛い思いをしなければいけない人もいるのよ。」と応えました。私の虐待者である義父との面と向かっての出会い以来、私は、私が虐待された一つの理由、私がおしゃべりなちっちゃなメス犬と呼ばれた理由は、私が苦痛とはどんなものかがわかるためであったと、信じるようになりました。私の今の目的は、他の人たちが、そんな経験をするのを止めさせることだと考えています。もし私が今でもおしゃべりなメス犬ならば、それならそれで仕方がないでしょう。でも私は、人々に、虐待は身近なところで起こり得るということを知らせていきます。

　精神的、肉体的虐待は、私が生まれた日から、私の成長に伴ってきたものです。私の父は、アル中で、情け容赦なく暴力的でした。私のおばは、一度は、父が銃を私の頭にあてて、私の頭を吹っ飛ばすと脅していたので、警察に駆け込まねばならなかったときのことを覚えています。結局は、私の母は父と別れ、アル中になりました。そこで私が、妹と私の責任を持つことになりました。それから母は義父と知り合いました。彼は、彼女が私たちを殴るのは止めさせま

したが、それから、性的虐待が始まりました。それは私が19歳で結婚して家を出るまで続きました。

それから、私の最初の夫もまたアル中で、私を虐待しました。彼は、真夜中に、割れたビール壜を持って、私をレイプしました。私の母と妹は、私が彼について彼女たちに言ったことを信じなかったので、私が最初の夫と別れたときに、2年間、私と口をきくのを拒みました。

本当に長い間、性的虐待について私の言うことを誰も信じてくれませんでした。何故ならば私の義父が誰にでも、私が嘘つきのちっちゃなメス犬だとか、私が問題を起こしている人間だとか言ったからです。社会福祉課でさえも何もしませんでした。そして警察は、「あなたの母親が告発するのを拒んでいて、あなたは未成年だから、警察としてできることは何もない。」と言いました。そのとき、私は司法制度を見限りました。顔を平手打ちされたようなものでした。後になってから、私の二度目の夫に促されて私は告発しました。しかし、私の人生最大の後悔は、法廷に立ったことです。私はあまりにも多くのものを失いました。そうする価値はありませんでした。

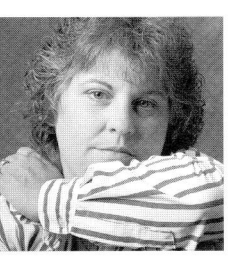

ジャネット・ベック（JANETT BAKKE）
誰もが、癒しに向かう段階、終結に向けての段階といった話をします。私にとっては、どちらかといえば、人生のあるステージのような感じです。今のステージが終わる——そしたら今度は、次のステージに進むときなんです。

私が若かったとき、私は危うく売春に走りそうになりました。というのも、それが家に帰らずにすむ方法だったからです。しかし私の中の何かがまさに言ったのでした。だめだ、と。私は一度も麻薬をやらなかったし、決して酒を飲まなかったし、一度も売春をしなかった、と。私は常に善の側に身を置くように努めました。何故ならば、心の奥底で私は、いつの日にか、私を傷付けた人たちは、その罰を受けることになるだろうとわかっていたからです。私が彼らに罰を受けさせるようにするとき、私が立ち上がって、後ろめたさなしに、自己弁護できることを確実にしておきたかったのでした。私は彼らに、「あー、彼女は麻薬をやっていたので覚えていないのだ。」というような口実を与えたくなかったのでした。ある意味では、彼らは皆、充分ではないにしても、罰を

受けているのです。私の祖母が、結局、悪いことをする人は罰を受け、正しいことをする人は罰を受けないものだ、と言っていました。私には、彼らが彼らの創造主と出会うとき、彼らは私が会う創造主と同じ創造主には会わないだろうということがわかっています。

　私の息子が1986年に生まれる以前には、私の人生最良の時はありませんでした。私の記録では、彼は私が最初に成し遂げたものでした。もう一つの、私にとっての人生最良の時は、被害者・加害者調停プログラムのスタッフのデイヴとサンディとの出会いでした。彼らは私という人間を信頼しました。彼らは私を憐れまないで、理解しました。そして彼らは決してそんなことは起きなかったとは言いませんでした。それが、私がずっと捜し求めていたことでした。——ただ私を信じる人。何故ならば誰一人としてそうしようとはしなかったのですから。

　それから、彼らは私に、それまでずっと私が欲していたものを与えてくれました。それは、義父が席を立って逃げることができないようにしておいて、彼と膝を交えて質問する機会でした。彼が本当に真実を認めるところを聞くことは、私の人生において、最高の時の一つでした。それは、彼がそれらのことをしたということを本当に認めた初めてのことでした。それは彼が私のことを、嘘つきのちっちゃなメス犬と呼ばなかった最初のことでした。

　私は彼に、彼がどれほど私の人生をめちゃめちゃにしたのかを言う必要があったので、それは癒しの段階でした。私は彼を正視することができました。そして私には彼がもう怖くはありませんでした。私は彼を私に対して説明責任がある状態にしておかなければなりません——司法制度に対してではなく、また、彼の事件処理担当者に対してでもなく。彼はそこに座って、私の目をまともに見て、私に対して説明責任をまっとうしなければなりませんでした。そのときまでずっと彼が私を支配していましたが、今や、私が彼を支配しました。

　どんなだったかわかりますか。あなたが私に100万ドルの小切手を手渡したと仮定したのよりも、もっと良い気分でした。そして彼が、「おまえが俺をここに来させたのではない。俺が自分でここに来たのだ。」と言ったとき、それが、彼が言うことが出来たであろう最も強がりな言葉でした。何故ならば、彼は最終的には、そのことを認めましたから。私は彼が、これらの言葉を完全に信じていたとは思いません。——それらの言葉は、どこかの本から取ったんです——しかし、彼が「俺がこんなことをおまえにしたんだ。」と言ったときに、私には証人たちがいましたから助かりました。

私はもう彼のことを怒っていません。私は心の底では、彼が私を傷つけるためにそんなことをしたのではなかったと知っているので、私は彼を救したのだということを、私は彼に面と向かって言いました。彼はそういうことしか知らなかったので、そうしたのでした。また、私と彼との関係は、すべてが悪いということでもありませんでした。彼は私に多くの良いことを教えました。しかし彼は社会に入るための準備ができていませんでした。私は、彼が適切な行動を学ぶことができるように、彼を刑務所に送りました。しかし彼はそれを学習していません。彼はまた同じ過ちをすることになるでしょう。何という時間の無駄なのでしょうか！

　私の義父との刑務所内での面会は人生のあるステージの終わり、私が彼に対して怒りを感じる最後でした。次のステージは悲しみでした。私は義父を永久に失ったという事実と、彼は変わらないだろうという事実と、折り合いをつけなければなりませんでした。

　10年前には私は世間を憎んでいました。そして、世間は私に借りがあると考えていました。私は、母を、妹を、父を憎悪しました。今の私はもうこれらの誰をも憎んでいません。時として、彼らに怒りを感じ、彼らを気の毒に思います。でも、かつて私がそうしたようには彼らを憎みません。私は、世間から、私が欲しいものを手に入れることは決してないだろう、ということもわかっています。私は、欲しいものは私からしか手に入れられません。状況を変えるだろう人は私です。私に代ってそれができる人は他に誰もいません。

　私が平和を求めているという理由からだけではなく、それが自由の象徴でもあることから、鳩が私自身の小さな象徴になりました。子供の頃私は、自由を捜し求めていると考えていましたが、そうではありませんでした。捜し求めていたのは平和でした。私の義父と母が、私をほとんど支配していたので、私は平和を自由と混同していました。今から6ヶ月ほど前になって、私は、他の人たちが私と和解するのを期待する前に、私自身と和解し、私自身を救さなければいけないということを実感しました。私の人生はずっと大きな嵐でした。そして今は、穏やかです。

ジャネット・ベック

3 | 私は、私がその決定をしたという事実を抱えて生きて行かねばならない。

　私の息子は、麻薬容疑で郡刑務所に投獄されていました。ある日、私のアシスタントが私の事務所に入って来て、「あなたの息子さんがここの受付担当のところにきています。」と言いました。私が下に降りていくと、そこに彼はいました。彼は「父さん、父さんに何か言われる前に、僕は謝るよ。」と言いました。私はこの刑務所の最高責任者ですから、「知っての通り、私がおまえをここで預かるわけにはいかないのだ。」と言って、彼を郡刑務所に送り返す手続をしました。それが、私が息子の生きている姿を見た最後でした。彼は、私が彼に買ってやった服がもとになった口論で、そこで殺されました。

　多分、もし彼がどこか北の方に行っていたのならば、今頃出所していることでしょう。私はその罪の意識を背負っていろいろと考えて来ました。私は、私がその決定をしたという事実を抱えて生きて行かねばなりせん。しかし、私は始終決定をしなければなりません。私は、いかなるときでも、1,000人の職員と、4,259人の収監者の責任を負っているのです。あなたは最善の判断、訓練、

知識を用います。本当の結果がどうなるのかはあなたには決してわかりません。私は、彼をここに留めておかないことで正しいことをしていると考えました。たとえ私が彼をキャンプ・ヒル刑務所に送っていたとしても、そこで起き得たことでしょう。

　私の息子は間違った道を駆け下りていましたが、こんなことになることもなかったのでした。収監者たちが後になって、あれは起きるはずのことではなかったと、また、刑務所職員は、加害者を恐れて背を向けた、と私に書いて来ました。私の息子が刑務所の中であのようなことになったのは、職務怠慢が原因だったのです。裁判で、要職にあった人物の中には、このことを隠蔽しようとした者もいたということが判明しました。私はつらく、いくらか怒りも感じましたが、同時に私はその体制の一部なのです。

　私の息子のことを思わない日は一日たりともありません。私は彼の写真を降ろしました。というのは、もうそろそろ前に進むときだと感じるからです。私は過去に住み続けることはできません。しかし、今でも私はここに、彼が私にくれた、「父さん」と書かれたカードは持っています。

ドナルド・ヴォーガン（DONALD VAUGHN）
私は収監者たちから、あらゆる種類のお悔やみの言葉、収監者たちが作ってくれたカードをもらいました。私が刑務所内を歩いていると、収監者たちは私に、彼らは私の息子の味方をしただろうに、と言ってくれました。私は、このコミュニティの一部なんだとわかりました。そのことがあって、私は何とか切り抜けることができたのです。それから私は、起こったことを他の収監者たちに対してそのままにしておくわけにはいかないとわかりました。

　公判中、加害者のブルックスを見ていると、私には、彼に対する憎しみがわいてきました。しかし、裁判の終わり頃には、私は、彼は病んだ人間なのだと見始めていました。彼の生き方、考え方は歪んでいました。彼は、環境の、病んだ境遇の犠牲者です。私は彼のことを私が悪意を感じる対象の人物としては見ません。復讐は答えになりません。もし私が彼を憎み続けたとしたら、彼は私のことを今彼がいる立場に引きずり下したことになるわけで、彼は私に勝つことになるでしょう。私はそんなことを認めるわけにはいきません。

　もし私たちが、私たちの子どもたちに、高潔さの信奉者になり、神を信じ、

正しいことをすることを信じて欲しいと願うならば、私たちは、憎しみを断念しなければなりません。私は赦せます、と言えるようにならなければなりません。私は奴を刑務所から出られるようにはしないでしょう。しかし、私は彼を憎みません。

それほど前のことではありませんが、ブルックスの書類が私の机に回ってきました。彼は裁判のために、ここ、この刑務所に来る予定になっていました。私は「駄目だ」と言いました。私が彼にここに来て欲しくなかった理由は、もし何か彼に起きたら、人々は私を責めるでしょうから。そして私は、彼に起きる何事に対してもその原因にはなりたくないのです。

主がおられなければ、私は何とか乗越えて今日にいたることはできなかったでしょう。折に触れ、私は、一人になって、ここで起きたことについて主に話すための時間を作らなければなりません。そして時にはそのことで私は涙を流します。泣く人には弱さがあると考える人もいます。しかし、もし私が泣かなければ、胸のつかえは私の中で鬱積するでしょう。私はつかえているものを吐き出さなければなりません。それで私は主に話しをします。人間を相手に話しをしても役に立たないことがあります。何故ならば、人間は、物事をそのままあなたに跳ね返すだけですから。

毎日私が、仕事に出るために車に乗るときに、私は、「神に感謝」と祈ります。私が出かけるときに、妻を抱き締めることに特別の感情を込めています。何故だかわかりますか。私は戻らないかもしれないからです。

ドナルド・ヴォーガン

> もし私たちが、私たちの子どもたちに、高潔さの信奉者になり、神を信じ、正しいことをすることを信じて欲しいと願うならば、私たちは、憎しみを断念しなければなりません。

4 私たちは、私たち自身の悲しみを処理しなければならないだけでなく、コミュニティの悲しみも何とかしなければならなかった。

　娘たちが死んだとき、私は、あらゆるものが剥がされて、私には一切弁解の余地はないということがわかった。私は、心の底から深く傷ついているけれど、それでも私は、この悲劇の中で私には機会が与えられたと感じている。すごいことに、今私は、このことを気分良く感じられるようになった。あー、何てことなのか、私はすべてを失って、それで今、私はそのことにメッチャ気分良く感じるようになったなんて。はしたない言葉を失礼。

　私は、17歳と15歳になる二人の10代の娘の母だった。1991年12月6日、上の娘が、妹と友達をショッピングセンターで降ろして、2区画先のところのヨーグルト店での仕事に向かった。午後11時3分、巡回パトロール中の警察官が、そのヨーグルト店から煙が立ち昇っているのを見た。数分後、警察官は4人の遺体を発見。私の二人の娘を含む4人の若い女性が頭を撃たれていた。彼女たちは裸で縛り上げられていて、焼けて判別不能だった。

　市全体が停止してしまった。誰もが唖然とした。どうしてそんなことが起きたのか。警察が誰も容疑者を見つけないので、それが実に混乱に拍車を掛けた。

娘たちを失った私たちは、私たち自身の悲しみを処理しなければならないばかりでなく、コミュニティの悲しみも何とかしなければならないということが、わかった。それは本当に不公平なことだが真実だ。私たちは、この件に関して他の誰もが大丈夫だと感じることの責任がある。私たちは、彼らが安心していられるようにしなければならなかった。私たちが、本当に確かに、構って欲しくないときに、私たちは彼らが私たちに構うことを認めなければならなかった。私たちは兎に角、放っておいて欲しかった。私たちは、他の誰もが、悲しみに耽る場所を確保しておかなければならなかった。そしてそれは我が家の戸口の上り段であるようだった。殺人はかなりコミュニティ全体に関わるものだったので、そして殺人は人々の心の非常に深いところで傷つけたので、人が来るは来るは、ひっきりなしにやって来た。

　私は、私たちが手にしたものは、同じ袋に入った有難いことと呪われたものだということを知っている。私はどうやったらこのような事態を切り抜けられるのだろうか。私の気が狂いそうになったのは、それらのすべての困った人たちのせいだった。彼らは有難いものなのだということは、わかっている。嫌なことだったが、彼らは有難い存在だった。それにしても余りにも多すぎる人たちだったし、事件があると騒ぎ出す人たちだった。

バーバラ・アイレス（BARBARA AYRES）
初め、悲しみはとても重く暗いので、あなたはただそこから逃れたいと思う。そのうち、あなたは、悲しみはあなたからどうしても離れないということを理解する。最終的には、あなたは悲しみを非常に長く持っているので、それに気がつかない。あなたは、頭の上に壺を載せたアフリカの女性のようだ。つまり、彼女は巨大な壺をとても上手に運ぶので、もうそれに気づきさえしない。

今8年が経って、ほんの数ヶ月前に逮捕があったばかりだ。私たちは再び、世間の目に晒されている。——と言っても、今まで私たちが世間の目からいくらかでも本当に逃れられていたということではないのだが。それは非常に複雑な感覚なのだ。あなたはその人たちが捕まって欲しいと思う。あなたは、「もし警察が彼らを捜し出さなければ、彼らは同じことを他の誰かにすることになるだろう。」と考え続ける。加えてあなたはあなたの子供たちに対しては、まさに事件が起きなかったようには振舞わないという義務と、その結末があるということを確認する義務を負っている。それに私たちは、何が起きたのかを知

る必要がある。私たちは、私たちが雇用主として、またコミュニティとして、どんなことを違ったかたちで出来えたのかを知らねばならない。実際の個人のレベルでは、私たちは、私たちが両親として、どんなことを違ったかたちでできえたのかを知らねばならない。

　すべてあの「たら・れば」だ。初め私は、「クソー、私はもっと早く娘たちを迎えに行くべきだったのに、ああするべきだったのに、こうするべきだったのに……」と言っていた。しかしことはまったく大き過ぎた。それは私の手に負えることではなかったので、なるようにするしかなかった。誰であろうとそれをした人は邪悪なのだ。あなたにはそんな代物を容認することはできない。私は、人間としての長所と弱点をたくさん持っている。しかし、邪悪はそれらの一つではない。私はまさしくそれに向かって立ち上がって、「ノー！」と言った。

　一年間、私は何をするでもなく、長椅子の隅の方に座っていた。私はべつにやり直さなくても構わなかった。誰かがいつも食べ物を持って来た――私たちには冷凍庫に２年分のラザニアがあったと思う――しかし私は食べて生きようが食べずに死のうがどちらでも構わなかった。それから私は、夫をなくした友人についての話をした高校の先生のことを思い出した。どのようにして彼女は回復したのかと尋ねられて、彼女は、「私は毎日起きて、風呂に入り、服を着ました。」と答えた。私は、そのことを思い出してそして、私が風呂に入るのを確認した。ひとつ言っておきましょう。私たちが非常に無意識のうちにしているこれらのことをすることは大変でした。しかしあなたは取るに足りないことに集中する。そしてそうすればあなたは切り抜けていく。回復するためにあなたがどれほど取るに足りないものにならなければいけないかは、信じられない程だ。

　あの気違いじみたすべての人たちが私に会いに来た。そして時たま、正しいことを言う人がいた。私に「あなたは何ら後悔すべきではない。あなたは、あなたの子どもたちがこの世にいた間、彼らのためにあなたができることは何でもやった。」という人もいた。私はそれを受け容れて、それをしっかりと心に留めた。確かに私にはいくらか後悔はあるが、ほとんどない。私は完璧ではなかったが、それ程ひどくはなかった。人々があなたにこのような戯言をぶつけてくるとき、耳を傾けて、良いものを取りなさい。残りは出来るだけ速やかに投げ捨てなさい。

　このことからあなたは何かを学ぶことになっているのだ。あの声はどこから

来るのかがわかる人はいない。神の声？　ジェニファーとサラの声？　あなたの母親から？　わかりました。何なんでしょうか？あなたはこれをきちんとしようと、筋が通っているようにしようと一生懸命に努力している。しかしあなたはそうさせてもらえないだろう。それは理にかなっていない。人生とは私たちがそうであると信じたいほどには哲学的ではない、と私は思っている。

　娘たちが死んだとき、私は神に非常に近づいていることを感じた。私は、私が娘たちを神にお返ししたのだと感じた。頭にきていない、とは言わなかった。それらのことは、相互に排他的ではない。私は神に、「一体何であなたは娘を二人とも連れていかなければならなかったのですか。」と絶叫することができた。そうはしないですんだ。何故ならば、視点を変えると、もし、神が二人とも連れていかなかったとしたら、どちらが残ることになるのかということになるから。二人はとても仲が良かった。だから、私には、相手がいなくなってしまった方の顔を見るのは耐えられなかった。だから、私は、二人のうちどちらかが私と一緒にいないことについて泣き言を言ったけれども、私が、どちらかの寂しげな顔を見なくてもすむのは、有難いことなのだ。そこで私は、私が二人を神にお返ししたのだと感じた。

　私の娘たちはいつでも私と一緒にここにいる。私には今でも、私が何か馬鹿なことをすると、彼女たちがジロジロ見るのが目に浮かぶ。それに二人は時折夢で私を訪ねてくれる。私はたいてい彼女たちから何かしら受け取る。次の日から私が数日間をやり過ごせるような、ちょっとしたことだ。どんな問題であろうと、私は彼女たちから、私が切り抜けていくのに役立つ何かをつかみ取る。そこで、もし私が本を書くとすれば、そのタイトルは、「神は午前４時にやって来る。」となるだろう。神はいる。誓ってもいい。神はいる。神はあなたが自分の道を見つけるのを手伝うだろう。しかし、道はあなたが探さなければいけない。あなたはそれを考え抜かないといけない。しかし神があなたを助けるだろう。

　長い時間がかかった。しかし、人々が、私は幸せだということを知るのは大切だと思う。それを言うのはつらいことだが、私は幸せだ。私の心は穏やかだ。

バーバラ・アイレス

> 本当に、本当に
> 自分を見つめさせるのには、
> 殺人が一番だ。

5 私の残りの人生を生きる行程表はどうなったのでしょうか。

　当局が被害者を特赦委員会の委員に加えようということを決定したため、私は、委員就任の検討対象となりました。私は彼らに、この一つの経験が私にレッテルを貼っていると話しました。まるで、「やー、私は被害者です。」といったようなステッカーをシャツに付けて事務所にやって来るようなものだと話しました。私は、「今直ぐそれは剥がしましょう。私の名前はデブで、軍人の子どもで、二人の兄弟がいます。私はペンシルベニア州立大学に通いました。私にはキャリアもあり、愛情深い夫もいます。私たちはバーニイという名の犬を飼っています。私の母は殺されました。私は自転車に乗りますよ。」と言いました。私たちは、私たちの人生の、その他のすべての経験によってもっといろいろと説明できます。あの一つの経験はそのほんの一部に過ぎません。

　私の母が仕事からの帰り道に、ショッピングセンターの食料品店に立ち寄ったのは今から 10 年ほど前のことでした。私たちに言えるところからすると、母はダニエルに行当たりばったりで選ばれただけの格好の標的でした。彼は母を押し倒し、彼女を連れ去り、彼女の車を奪いました。ある地点で彼は、母を刺し、車のトランクに入れました。母はそこで出血し、死にました。後で彼は母の死体を焼きました。

　話しは母の死で終わりません。そして彼の逮捕で終わりませんでした。彼の

自白や、彼が第一級殺人罪の有罪を認める糸口になったすべての材料や、彼がそれを覆そうとしたことで終わりませんでした。話は決して終わりません。

　初めのうちは、強烈な、途方もない苦悩がありました。やることがたくさんあって、生活のリズムがしっかりしていたときには、私はかなりよく日々をこなしましたが、それがなくなると、私はそれほどよくこなせませんでした。彼が有罪判決を受け、判決の宣告を受けるまでは、私は毎日ただそこに到達するために生き延びていました。私には目標がありました。しかし、事態が落ち着き、決定的になった後では、私は私の焦点を失いました。私の残りの人生を生きる行程表はどうなったのでしょうか。彼が有罪を認めたとき、私には生活の予定もリズムも幾分なくなりました。それで、私には残りの人生がそっくりそのまま残されました。何をどうするにも私次第ということになりました。

　私の頭の中にはビデオテープがあって、巨大な苦悩のボールの映像がありました。私には、まったくそれをどうにもできないときがありました。そこで私は、その苦悩を箱に入れて、「私は、今直ぐはあなたには構ってられないの。」と言う、イメージを心の中に描いてみました。時には、私は、「はい、それでは、これについて考えましょう。」と、意識的に決心することがあります。私はまだその箱を持っているのだと思います。何故ならば、私は、何が起きたのかについて考えることを選択するとき、ビデオテープを再生することを選択するときがあるからです。そうでないときにはその箱は仕舞っておきます。

デブラ・フランク（DEBRA FRANKE）
　私は忌々しいほどひどく頑固者ですから、他人に私をコントロールなどさせません。もし私が、彼があの一日にしたことのために、私の人生哲学がすっかり変えられてしまうことを認めるとしたら、それは、「あなたに私の人生を託します。」と言うに等しいでしょう。冗談じゃない。私に託されているんです！

　私は、この忌々しいったらない一つの事件が私の残りの人生を決定することがないように一生懸命努めてきました。私の母と私は、素晴らしい、プラスの経験を30年余にわたって共にしてきました。これから挫けずに毎日を生きていきますが、その一部にしても、母とも、また母がどう生きたかともまったく関係のなかったこの一つの事件が、私に計り知れないマイナスの影響を与えることはありません。彼女の人生があのおぞましい事件によって規定されてしま

わないようにしていきます。そこで私たちは、礼拝と通夜の中間のような、追悼会を開きました。母が好きだった曲をハープで演奏してくれた方もいました。滑稽な話に興ずる人たちもいました。あの追悼会は、ダニエル・バーネットが母の人生を規定することを拒否し、彼に最終決定権を持たせないという観点から、本当に重要でした。

　私の人生に責任を持つのは私だと感じています。そして、もし私の人生について何か気に入らないことがあれば、それについて何とかするのが私の責任です。ですから、この事件を、何百万とある良い経験の中に一つの恐ろしい経験として取り入れることができるということは、私が私の生涯について、やる気のある態度を身につけてきたという事実と、恐らく、大いに関わりがあります。それはある程度は、私の母が私をそうなるように育てた結果です。

　私は今でも泣きます。私の母が殺されたことは、今では、私の人生における決定的な事件ではありませんが、本当にとても辛いことです。途方もない苦悩は去りましたが、苦悩自体はなくなってはいません。私は、苦悩がどうしても消えてなくなってほしい、とは思いません。この事件が私や、私の感情に、そして私が人生をどう生きるのかに関して影響を与えないで欲しい、と言えたらいいのにと思います。実際には影響受けています。しかしその事件が非常に大きな意味を持ち、そのために私がそうなりたいと願っている類の人間が苦痛に負けてしまわないように私としては本当に一生懸命に取り組んでいます。

　人はいつでも、私が物事を楽観的に見ていると言ってきました。確かに忌々しいことですが、ある人が、人を大変傷つける、とても恐ろしいことをしたからというだけで、私は楽観的な姿勢を止めるつもりはありませんでした。私は今でも、人というのは基本的に善良だということを前提にしていますが、小さな疑念の種はあります。私は常に、悪いことは起こり得るものだとわかっていました。確かに今、悪いことは起こり得るものだと本当にわかります。ですから、私は基本的には同じ人間ですが、本質レヴェルでの理解が加わっています。つまり、人生は善きものであり、世間は総じて善き人々によって満ちているものの、本当に悪い人はいて、悪いことは、実際に起きるということです。

デブラ・フランク

私は、この一つの事件が私の残りの人生を決定することが
ないように一生懸命努めてきました。
その事件が非常に大きな意味を持ち、そのために私が
そうなりたいと願っている類の人間が
苦痛に負けてしまわないように
私としては本当に一生懸命に取り組んでいます。

6 あなたはこんなにいろんな支援を受けていますが、ある日、それは終わります。

ロバート：「被害者支援」の人たちが1991年12月7日の早朝に私どもの自宅にやって来ました。彼らが言うには、ヨーグルト店で火災があり、私どもの13歳の娘、アミーとその他3人の娘さんが殺されました。彼らは私たちに多くを語りませんでした。それに彼らは終始誠実であったわけではありませんでした。後で私たちは彼らに言いました。「こんなことが起きれば、こっちはもうショックを受けているんだ。だから、さっさと本当のことを話せよ。そうした方がずっとやりやすい。それと、娘が性的暴行を受けたなどとは言わんでくれ。彼女はレイプされたのだから。娘たちはヨーグルト店でただ死んだわけではない。あの子たちは殺害されたんだ。」それが、私が望むやり方です。──私は、臭いものに蓋をするようなことを望んでいません。

　コミュニティも私たち同様にこの事件を受け止めました。葬列者の中には、事件について私に尋問をしに自宅まで来なければいけなかった白バイ警官がいました。本当なんですが、この男は、私と一緒になって苦しみました。彼は精神的に参ってしまい、大声で泣き喚いていました。また、今回と同じようなことを既に経験していても、以前はそのことを決して表面に出さなかった人たちだから驚きでしょ。

パム：でもそれからコミュニティは逆に働きます。あなたの周囲に長い間いた人たちが、突然、あなたといて気分が落ち着かなくなります。彼らは何と言ったらいいのかわからないんです。彼らにはあなたのところでどう振舞えばよいのかがわかりません。彼らには、たとえ彼らがアミーのことに触れて、それで私たちが泣いたとしても、それでも構わないのだということがわかりません。何故って、もし彼らが彼女のことを話さなければ、それは彼女がまったく存在しなかったかのようになってしまうからです。

ロバート：みんな私たちを支えてくれていました。しかしある日それは終わりました。それで私は途方にくれてしまいました。あなたはこんなにいろんな支援を受けていますが、ある日、それは終わります。それが、あなたが閉じこもり始めるときです。

パム：初めのうち、朝ベッドから出るのが一大事なんです。「もし私がここに横になるだけでまた眠りにもどることができたら、私は事件と関わらなくてもいいだろうに。」と考える朝が何日もありました。でも、そんなことをしたらあなたはすっかり衰えて死んでしまうでしょうから、あなたにはそれはできません。そこで私たちは、できるだけひたすらいつも通りにするようにしようと心に決めました。あなたは無理矢理にでもしなければいけないことがたくさんあります。

パム＆ロバート・アイアーズ（PAM AND ROBERT AYERS）
パム：あらゆるものについてのあなたの見方が変わります。私は乳癌と診断されましたが、もっと前だったら怖がっていたかもしれないようには怖くありませんでした。私は手術を受け、それから、飛行機で全米ロデオ大会の決勝戦に出かけました。乳癌によって、私のペースはまったく遅くなりませんでした。
ロバート：あなたが子どもを失くすと、それは極限級です。他のどんなことも、取るに足りないことです。

ロバート：あなたは文字通り、生きることに精を出さなければなりません。

パム：暫くの間私たちは、毎日目を覚ますと、「今日が、犯人がわかる日にな

るのだろうか。」と考えました。暫く経ってから、あなたはそんなことは多分起きないだろうということがわかります。それでも尚あなたは、希望を持ち続けますが、あなたの人生は、何かありきたりのものと似た特性を帯び始めます。あなたはお決まりの日課を始めます。そしてそのことは、いくらか普通の日として、実際かなりうまく今まで通りに行きます。しかし先月の容疑者逮捕があってから、それはもう起きません。

ロバート：今一番つらいことは、私たちには私たちの人生がまったく思い通りにならないということです。私たちは、次の段階を、次の電話を、そしてどこにいればよいのかについての指示を待っています。もし1日が過ぎ、彼らには何か進行中のことがあって、私がその中にいないと、どんなこともうまくいかないのではないか、というのが私の感覚です。だから私たちは何も計画が立てられません。私たちは私たちの牧場を売りに出しています。私は、私の家畜の世話をするために、そして以前のように生活をするために牧場にいられないので、牧場を楽しむことができません。私たちは、この一件が片付くまでは、州検察官の指示に直ちに従えるように、私たちの人生を先延ばしにしなければならなくなりました。何故なら、私たちはそうすることになっているのですから。

パム：「終結」怒り心頭で、その用語が嫌いです。あなたが最終的に裁判をし、誰かの有罪が確定したときに、あなたは終結に達したのだと言う人がいます。私は終結が来ているのを見ません。つまり、あなたはもう一つ別の状態に達するのです。しかし、起きた事柄について終わることは決してないのですから、「終結」というのが、その用語ではないと思っています。あなたは毎日その起きたことを生きているのです。

ロバート：私が思うに、人々が「終結」という言葉を使うのは、私たちのような人たちに、希望を与え、事件を切り抜けさせるためです。しかし、ハッピー・エンドはまったく起こらないでしょう。

パム：私たちは夫婦として何度か厳しいときがありました。でも、私たちは、結婚生活がうまく行っている状態で事件に関わったので、結婚生活に過度の緊張が生じたとは考えません。夫婦として、どちらかが良い状態のときは、もう一方が悪くなることもあり得ます。ロバートが保険会社からの電話を受けたと

きは、彼は、話ができなくなってしまいました。でもどういう訳か、私は話ができましたし、泣きませんでした。ですから、私が彼に代わって、幾らか気を取り戻しましたし、彼が私に代って同じことをしてくれたこともありました。

ロバート：私たちは一緒になって、娘を持ち、そして一緒になって、娘を失いました。
　この事件を通しての私たちの考えはといえば、マイナスからプラスを作ることであり、そう考えたからやってこられたのです。それが私たちが、私たちの組織、S.A.J.E ——サラ、アミイ、ジェニファー、エリサ——を考え付いた経緯です。

パム：それは、10代の人たちのための職場安全を促進する機関です。私たちは、他の家族が、私たちが経験していることを経験しないですむようにするために、他の10代の人たちが職場で安全であって欲しいのです。私たちはまた、家族への支援も行っています。多分それが、今の私たちの人生すべてが何のためにあるのか——誰か他の人の人生にプラスをもたらせるということ——の意味なのでしょう。

ロバート：もし私に自由選択ができるとしたら、私は、私の子どもを殺人者にするよりは、私の子どもが殺されるようにするでしょう。私には、子どもを育てて、それから、彼もしくは彼女が、別の人にしたことを考えるということがどんなものなのか、ということは、想像することしかできません。私には、それを処理することができるだろうとは思えません。

パム：私は、そちらの方がずっとやり難いだろうとよく思います。そして、私たちの状況が悪いのと同じように、まだずっと悪い状況の人たちがいます。私は、子どもたちが行方不明になっている両親のことを考えます。ですから、私は、今私が手にしているものに感謝しています。

パム＆ロバート・アイアーズ

7 殺人は"Cで始まる言葉、"Cancer（癌）のようなものです。タブーです。

　もしあなたが選ぶとして、あなたが本当に、本当に自分自身を見つめ直すのには、殺人が一番です。殺人は、過去の物事のかさぶたを剥がします。

　私の妹は、私の親友でもありましたが、1994年6月に殺されました。彼女を殺した男は階下に住んでいました。彼は麻薬の密売をしていました。それで、彼女が警察に密告するのではと心配していました。明らかにその殺人は、捜査官がこれまで取り扱った最もおぞましい事件でした。最後には、今世紀最も凶悪な殺人でオスカー受賞のような感覚で終わることになります。

　彼女の死後、私は答えを探し始めました。私は聖書を再読しましたが、私が求めていた答えはそこに見つかりませんでした。そこで私は、Tibetan Book of Living and Dying（訳者注：『生と死に関するチベットの書』：Sogyal Rinpoche 著）を読みました。その本のお陰で私はすっかり良い方向に転換しました。その本には霊魂の再生について書かれており、また、死に暴力が関わっていて、死の尊厳がほとんどないときでさえも、死後、その人を救うことを通して尊厳は回復できると、私に語りかけていました。そのことが、何故私が、Center for Victims of Violence Crime（凶悪犯罪被害者センター）と多くの仕事をしているのかの、大きな要因です。私は妹の死において、彼女を救っており、彼女の思い出を生き生きとさせています。私は、いくらかでも名誉と尊厳を彼女に取り戻

すことを試みています。彼女の霊魂は、今でも私のためにこの世に出て来ています。

　殺人は、「Cで始まる言葉」、cancer（癌）のようなものです。タブーです。もしあなたが、殺人のあった家族と余りにも近くなると、あなたはその家族にあなた自身の心を開いてしまいます。そして、「殺人は、近所の環境が良いところにいる私たちのような人間には起きない。」──これはデタラメそのものです。それと、「あなたの妹さんは、自業自得になるような何かをしたに違いない。」という考えがあります。それで、もしあなたがそれを引き受けることを選ぶならば、かなりの恥辱感が付随します。私はそれをもともとの場所に──それを始めた人たちのところへ──お返しします。私は、私のものは何で、他の人々のものは何かを見分けるのに、相当の時間を費やしました。私は、誰か他の人のクズを引き受けていません。私自身ので、もう充分です。

エミー・モクリッキー（AMY MOKRICKY）
それ（事件）は、粉々に砕けたコップのようなものです。あなたはスーパー接着剤持って来て、それで破片をくっつけてもとの状態に戻せます。しかし、割れ目はいつでもあり続けるでしょう。遠くから見ればそれは損傷がないように見えるでしょうが、近寄って見ると、割れ目や継ぎ目が見えるでしょう。

　私には、こんなことをした男が赦せません。赦す、赦さないは神の仕事です。私がすることではありません。もし私が、彼が、本当に良心の呵責を感じ、彼がしたことを本当に認識したと、感じられたならば、彼を助けてあげたいという気になるかもしれません。私は彼に、その後の影響のすべてを見て欲しいし、現実にそれを生きて欲しい。1〜2週間、私の家族一人一人の気持ちになってみて欲しい。私の弟の心に、妹の心にどんなことが通り抜けるのかを知って欲しい。彼が私の母の人生も奪ったということを知って欲しい。彼が私の父に、一連の心臓発作を与えたということを知って欲しい。私は彼に、彼がある家族を崩壊させたということを認識して欲しい。何故なら、父は、私たちの誰ともうまくいかないからです。人を殺したことの責任を取るときに、彼は、このような他の小さな死も作ってしまったことの責任を理解する必要があります。

　あなたは、人生があなたをこんなふうに傷つけることはないと信じました。あなたは、人生が、こんなふうにして愛する人を奪うことはないと、信じてい

ました。あなたは、人間性にこれほどの醜い面はないと、信じていました。あなたは、あなたの家族は強いものだと信じていました。しかしその代わりに、あなたは自分自身が強くなければなりませんでした。

　あなたは、司法制度が機能すると信じています。あなたは、記者は礼節を持ち合わせていると信じています。あなたは、まったく起きることのない、他人の行動に、信じられないほどの期待を寄せています。今や私は、他人をまったく信じていませんが、私自身に対する信頼感を強めています。私は自分自身をはるかによくわかっています。私は自分自身がずっと強くなっているし、コミュニティにとってより役に立つ存在になっていると見ています。

　ジルの死は、私にとてつもない教訓を与えました。私は、はるかに多くの人間的深みを増しました。私は、私自身が、このようなことに取り組んだことのない人たちよりも、ずっと先に進んでいると考えています。しかし、妹の死は、人生の教訓への支払いの対価としては余りにも多大なものでした。

エミー・モクリッキー

> 人を殺したことの責任を取るときに、
> 彼は、このような他の小さな死も作ってしまったことの責任を
> 理解する必要があります。

8 裁判が終わったとき、私たち夫婦はうまく折り合いをつけなければならなかった。

ハーバート：今私は、大きな苦難（キリストの十字架上の死）を以前とはまったく異なる視点で見ています。以前私には、父親の息子に対する愛というものがわかりませんでした。そして私の息子が殺されるまで、私には私がどれほど彼を愛していたのかわかりませんでした。

　私たちの息子、アイチは、統合失調症だった彼の妻の兄ジミーによって、撲殺されました。ジミーは彼の薬物療法を休止中で、アイチは彼に病院に戻るよう説得を試みていました。

　私は怒りに耐えました。復讐も考えました。私は、悲惨な事件の折に人々に起きるすべての自然の成り行きを経験しました。一つ一つ私はそれらを取り除き、処理しました。誰にでもは選択肢があります。そして、私たちは結局は関わることを選択しました。

エマ・ジョー：私たちは、それまでの人生で、お互いにオープンにしてきていましたが、アイチの死後、私たちには話し合える事柄が何もありませんでした。私たちは2年間話しをしていませんでした。私たちは、子どもたちが来れば、礼儀正しくすることはできましたが、私たちはお互いを疫病のように避けていました。夫は私のいうことを聞きたくありませんでした。そして、夫の方で話せる状態になると、私が彼の話しに耳を傾けたくありませんでした。

ハーバート：それはメリ・ゴー・ランドのようでした。あなた方のどちらかが上にいるとき、もう一方は下にいます。あなた方は、いわばすれ違いになります。あなたが何か言います。すると妻はいくらか険のある言い返しをします。それは彼女が怒っているからではなく、彼女が傷ついているからなのです。そして、まあ、お互いに非難し合うというわけです。

エマ・ジョー：アイチの死後、私たちが刑務所で一緒に姿を見せ始めるまで、私は夫の考えについて余り知りませんでした。私は、ハーバートが、自殺を考えたと言うのを聞いたとき、この物静かな、愛すべき人から、そのようなことをまったく想像できませんでした。私はある決心しました。私はある刑務所のグループの前に立って、事件の話しをしてから、ハーバートを見て言いました。「ところで、私は決心しました——そして、あなたがそれを聞く最初の人です——私はジミーに、私の結婚生活を彼のものにさせません。彼は私の息子を殺し、私の父はその22ヵ月後に悲嘆にくれて亡くなりました。彼には私の結婚生活を彼のものにすることはできません。彼にそんなことはできません！」それから、私たちの結婚生活は修復し始めました。二人は別々になり、反対の方向に行ってましたので、すべて初めからやり直しのようでした。

エマ・ジョー ＆ ハーバート・シュナイダー（EMMA JO & HERBERT SNYDER）
エマ・ジョー：「回復」はいいのですが、私に「終結」とは言わないで下さい。そんなことを言ったら、顔面にパンチお見舞いしますよ！
ハーバート：事件に終わりはありません。私たちは一緒にいようとしていたでしょうか。私たちは社会と関わろうとしていたのでしょうか。あるいは身を引こうとしていたのでしょうか。私たちは、この悲劇をどうしたかったのでしょうか。

ハーバート：この事件が起きたとき、私たちは、被害者と収監中の加害者のた

めのセミナーを開催する企画に参加していました。それは収監者、被害者の双方にとってうまく機能しています。私は収監者に、「あなた方は私の精神科医です。これが私にとっては治療なのです。」と話します。

エマ・ジョー：私の最初のクラスに、殺人で14年間服役していた紳士がいました。ある晩、私は彼を見て言いました。「ジョン、彼はあなたに止めて欲しいと懇願しましたか。彼はあなたに殴るのは止めて欲しいと必死に頼みましたか。」私が彼の目を正視してそのような質問をしたので、彼は非常に衝撃を受けました。これらは私がジミーに訊ねたいと思わなければいけない質問だったということがわかったのは後になってからのことでした。ジョンはその後、証言の中で、「俺はあいつを殺したことに満足して14年間を過ごしてきた。それについては、ある婦人がやって来て、必死になって俺に接するまでは、俺は冷静だった。」と語りました。

ハーバート：アイチが殺されたとき、私は復讐も考えました。それから私は、「いや、神よ、私はしません。ジミーはあなたにお任せします。」と言いました。私は肩から重荷が持ち上げられるのを感じました。それは神が本当に存在するということを思い出させることでした。神は実在します。少しずつ私は変わっていきました。私は、「もし、イエスキリストが私のしたことを赦してくれるならば、どうして私はジミーを赦せないでしょうか。」と考えました。次の機会に私が、被害者衝撃委員会（victim impact panel）で発表をした際に、私はジミーを赦しましたという言葉が、まさに口を衝いて出る、という感じで出て来ました。

　でもまだそのとき私は、被害者／加害者調停に格別の興味があったわけではなかったのです。何故なら、それが傷を取り去るわけではなかったからです。それから、「ジミーと面と向かって、私は彼を赦すと言わなければならない。」という考えが浮かびました。そしてそれから、私のジミーに対する態度はまったく違っています。私たちは先日警察官と話をしていました。そして、彼はジミーを罵りました。そして文字通り私は、心の内でたじろぎました。そこで私は、「いやー、これは不思議だ！」と思いました。私はまったく変わったのです。

エマ・ジョー：彼は私よりずっと前にジミーを赦しました。私はジミーを憎んではいませんでした。そして私は、神はそれで満足だろうと考えました。この

一年間私は、ジミーに、どのように私は彼を赦したかについて手紙を書きました。それでかなり心は落ち着きました。今私たち夫婦は、ジミーとの和解を求めています。たとえそれが一方通行の会話であっても、私たちが、息子の殺人について彼を赦したということを彼に伝えることができなければなりません。

**エマ・ジョー＆
ハーバート・シュナイダー**

私は怒りに耐えました。復讐も考えました。
私は、悲惨な事件の折りに人々に起きる
すべての自然の成り行きを経験した。
一つ一つ私はそれらを取り除きました。
誰にでも選択肢があります。
そして、私たちは結局関わることを選択しました。

9 私は私の道を見つけなければならなかった。

　私の息子は画家で、ヴィジュアル・コミュニケーションの学位を持っていました。彼は家で過ごすことが非常に好きなタイプの人間でした。彼は日曜日の夕食のために帰宅するのを一度も欠かしたことがありませんでした。私たちはお互いに連絡を大変密に取り合っていました。彼は学業に復帰する計画を立てていました。そして、一種の寄り道として、タクシーの運転手をしていました。1994年10月のある日の午後4時に、彼は鉄道の駅で、14歳と17歳の二人の若者を乗せました。彼らは車に乗り込むと、「ピストル強盗だ。」と言いました。息子は車から出て、彼らに背を向けました。そして彼らは息子を射殺しました。

　初めのうち、私は生きていたくはありませんでした。そしてそれから、私は、「私は自分の人生を続けなければいけない。私には他にも子どもたちがいる。だから私は、彼らがこの事態を乗越えるのを手助けもしなくてはいけない。」と感じるところに行き着きました。私の孫が、走行中の車からの発砲で頭を撃たれて、その3ヶ月前に殺されました！　彼は7月に殺されました。そこで私は、私のもう一人の息子がこの事態を乗り切るのを懸命になって力になろうとしているところでした。私の孫の母親は既に亡くなっていたので、彼は父親だけの片親でした。それから私の息子が10月に殺されました。私の孫が射殺されたときに私に対応してくれたまさしく同じ牧師さんが、私の息子が射殺され

たときにも対応してくれました。彼女は決してその事態を克服できませんでしたが、私にもできませんでした。

　私はすかさず、「私には何故こんなことが起きたのかはわからないが、現に起きている。だから私はそれを受け容れる方法を見つけなければならない。」と考えたことを覚えています。たとえ何が起ころうとも、神は私とともにいるのだと、私は理解しました。私は実際、神が私を救ってくれるようにお願いして、真剣に祈りを捧げました。もし私の信仰心が強くなかったら、私は恐らく、発狂していたかもしれません。

　時々、私が怒らないことが、いくらか怖いことだと思いました。私はある程度までは怒りました。しかし、決して激しい怒りを感じませんでした。もし私がカッとなって怒ると、それは、私の、私自身や私の家族のために生き続ける能力や、バラバラになってしまったものを元通りにする能力を圧倒するだろうと強く感じます。そちらの方が、怒ることよりずっと大切です。

ルイーズ・ウイリアムズ（LOUISE WILLIAMS）
それはまさに、コップを落として、粉々になって、それから全部を元通りにするために、一度に1つか2つのガラス片を摘み上げようとすることのようでした。私の信仰が、私が、その事件と私の家族——私の他の子どもたちと孫たち——を乗り切るのに中心的なものでした。でもとりわけ、私の息子は、私が前に進むことを望んでいるだろうとわかりました。

　あなたは、あなたを悩ませることになることを、選ばなければなりません。何故ならば、そうしないと、あなたは、A地点からB地点には行けません。そこで私は、事態を切り抜けることと、家族が乗越えるのを手伝うことに集中しました。そしてこれらの経験が、私の家族を非常にしっかりとまとめました。私たちはいつでも家族との時間を持ちました。しかし今は毎週日曜日に、家族との一緒の時間を持ちます。私たちは全員で連絡を非常に密にするように努力します。

　私は地方判事ですが、もう一期の宣誓就任をしたところでした。私は、私の任期をまっとうしようと決めましたが、それは、そのことが、私が必要としていたことであり、私の息子が、私にそうして欲しいと思ったであろうことだからです。私は実際、およそ6ヶ月の休職をもらいました。私のカウンセラーが、「人生は列車に乗るようなものです。折に触れて、途中下車をして、行く先の

構想を練るのは差し支えありません。」と言いました。それはまさに私の感じ方でした。私はちょっとだけ降りて、私の行く先を見つける必要がありました。

　私の息子を射殺した加害者は終身刑を宣告されました。私は、法制度が機能し、正義が行なわれたと感じましたが、どちらの側にもまだ喪失感があります。2つの生命が——私の息子を射殺した14才の人間の生命と私の息子の生命——奪われたのですから残念でした。

　私が彼らを赦したということを、私は実際に言葉にしたことはありませんが、それを何とかしなければいけないということは考えています。私には、それが心の重荷だとは言えませんが、私が、私は彼らを赦しました、とこだわりなく言えるときに、そのとき私は癒されます。私は、「癒し」という言葉を使うべきかどうかはわかりませんが、彼らがしたことに対して彼らを赦したと私が本当に言えるときには、多分それが、その点からして相応しい言葉なのでしょう。私は決して本当にそのことを言ったことはありません。

　幾分かは、私は彼らのことを気の毒に思います。14歳にとって、彼の残りの人生を獄中で過ごすということは身の毛もよだつようなことに違いありません。しかし私は、彼に対してよりも、彼の母親に対してもっと大きな怒りを感じます。14歳にもなって、何の改悛の情も持たない人というのは、どんな愛情もまったく受けてこなかったに違いありません。少なくとも私は、「私には、私の息子の大変素晴らしい思い出があります。」と言えます。彼は私が知っているどんな人をも傷つけたことはありませんし、彼は善良な人間でした。そして、私は彼を本当に愛し、彼は私を本当に愛しました。そして双方がそのことを知っていたので、彼は愛が何であるかを知っていたと、私にはわかります。私の息子は、家族の愛を知っていました。

　聖職者である私のひとりの友人のことを私は決して忘れないでしょう。彼は私の息子が亡くなった日にやって来て、私たちは語り合いました。私は彼に、私の両親は本当に突然に、37日の間を置いて、今の私の歳のときに亡くなりました、と話しました。彼は、「ルイーズ、これはあなたへのアドバイスです。即ち、あなたはサバイバーであり、サバイバーであるからこそ、あなたはこれを切り抜けて行くのです。」と言いました。私はこのことをよく考えます。

　私は癒えていると思います。丁度癒えているところだろうと思います。事件が毎日の私の生活の一部ではない、というところまで私が癒されるなどということはないだろうと思っています。でも何とか生きていけます。

　私は人生を、列車で旅をしているようなものと考えています。あなたはとき

には下車して、あたりを見回さなければいけません。それからあなたはまた乗車して旅を続けます。あなたは旅を続けなければなりません。旅が終わる時まで、あなたは旅を途中で止めるわけにはいきません。

ルイーズ・ウイリアムズ

> 私の息子を射殺した加害者は終身刑を宣告されました。
> しかし私は、彼に対してよりも、彼の母親に対して
> もっと大きな怒りを感じます。
> 14歳にもなって、何の改悛の情も持たない人というのは、
> どんな愛情もまったく受けてこなかったに違いありません。

> これまであったものを破壊し、
> もう一度作り直すようなものだ。

10 | 私は、生きるべきか否かを決めなければならなかった。

　私の姉の結婚は破綻しました。彼女の夫は情緒的にかなり不安定になり、結局は私の妹のパットに八つ当たりしました。彼はパットを絞殺し、喉を掻き切りました。彼女を発見したのは私でした。これは1980年のことでした。
　私は苦悩を、本能的な、動物的な苦悩を経験しました。私は、母親熊が幼子を亡くし、森に立って「ウオー！」と唸り声を上げているような気分でした。私の怒りと落胆は、1980年の殺人で終わりませんでした——それはもう一度始まって、この男が仮出所で10年後に出て来たときには、一層激しくなりました。
　妹の殺人から数年経って、私は警察官になりました。今になって私は、そうすることは私の逃避の一部であったと分かっています。私は、私の苦悩を遮ろうとして、使命を担いました。私は他の人々を助ける必要があったのです。私が何かをしているような気になる必要がありました。それから13年経つまで、自分の感情に注目することはありませんでした。私には情緒的に問題があるということを納得するまでに、それだけ長い時間がかかりました。
　1991年になって、私はこの男が仮出所で釈放されていて、私には通知がなかったということがわかりました。彼は私が管轄している地域の更生訓練施設にいたのです！それで私は気が転倒しました。もし私が彼を見かけたり、彼を

逮捕しなければならなかったとしたらどんなことが起きていたでしょうか。私はどんなことをしたでしょうか。私は銃を携行しているのです！　私の激しい怒りの度合いへの不安が、私が私自身について何かをするための引き金となりました。

　それまでに私は、他の警察官が、ひっきりなしの公然たる暴力行為に取り組むのを見てきましたし、彼らが冷静さを失って、犯罪者に襲い掛かるのを見てきました。私は相方の警察官を容疑者の体から引き離さなければならなかった、ある具体的な事件を覚えています。私は彼の怒りの度合いが徐々に高まっているのを感じました。また、私は妹の死をきちんと処理していなかったので、冷静さを失ったあれらの他の警察官のようになる危険に晒されていた、ということがよくわかりました。私は窮地に立っていました、そして助けを必要としていました。

　私は13年間にわたって治療を避けていたのです。しかし、生きるべきか否かを決めなければならないと認識しました。それはまさに生死にかかわる事柄でした。決定的な岐路でした。

キム・ムジカ（KIM MUZYKA）

何年間も私は、胸の内に、死の煉瓦を持って生きてきました。13年経って初めて私は、鑿を持ってその煉瓦に立ち向かいました。時には大きな断片が剥がれます。時には、ほんの小さな切片です——でも、死の煉瓦は段々小さくなります。無くなっていません——多分決して無くならないでしょう——でも私は今、それを小さな石として心に描いています。もうコンクリートの塊ではありません。

　私は、妹の死にまったく折り合いをつけていませんでした。私の他の個人的なトラウマの正体を見極めるのに3年間の治療が必要でした。私はそれらを「トラウマ・バブル」と呼びます。何故なら、それらはどれも皆、自己完結的でありながら、それでも尚、それぞれに関連しているからです。あなたは、それらを一度に一つずつ折り合いを付けるのではありません。それは、もっと玉ねぎの皮を剥いていくようなものだと思います。

　それは、これまであったものを破壊し、もう一度作り直すようなものです。私は、その過程を終えた後に生き残ることはないだろうと感じるときがありましたが、それから、私は、新しく作り直すものの出来上がりを心に描き始めようとしました。私は、私が作り上げるものを巨大な断崖として見ました。それ

は、「眠れる森の美女」の中のようです。戦いがある、あの巨大な断崖です。それは暗くて険しい断崖で、この美しい山の反対側に移動するには、あなたは崖から落ちなければなしません。それは、依然としてそこに着くための登り道です。しかし、健康と強さの感覚をイメージするようなものです。

　殺人があって13年後、私は、被害者・加害者調停プログラムに参加しました。私の加害者との最初の会合は、私のその男についての意見において、私の正当性が証明されたというだけの理由で満足のいくものでした。彼は自らの責任を拒みました。彼の問題の責任は司法制度にあるとして制度を責めました。自己防衛をしました。私はまったく怒りました。しかし、怒りの気持ちの方が、こちらが攻撃を受けやすいと感じるより、程度が強いものでした。私は、「いいでしょ。彼は刑務所に入り、そこが彼がいなければいけないところです。」と考えました。2回目の会合は彼の要請に応じて持たれましたが、酷いものでした。彼は変わっていませんでした。彼は、後悔の情がありませんでしたし、彼の子どもを含めて、彼が他の人たちに与えたトラウマの認識がありませんでした。私は、「私は彼の更生に参加する必要はない。私には、彼の事柄を引き受ける必要はない。」と感じたのを覚えています。

　私はもう一つの選択をしました。私はただ生きているだけ、というようなことはしたくありません。私は癒えたいです。私は、この状態を超えたいです。そして私は、7〜8割は、そこに近づいていると感じています。私は実際に、生きることの興奮を心に描くことが出来始めています！その勢いがいつもあるわけではありませんが、私は、被害者からサバイバーへの境界を渡っているところを心に描いています。私は依然として未完成品です。

キム・ムジカ

私は妹の死をきちんと処理していなかったので、
冷静さを失ったあれらの他の警察官のようになる危険に
晒されていた、ということがよくわかりました。
私は窮地に立っていました、そして助けを必要としていました。

11 | 人は私のことを私が受けた逆境と悲嘆だけで語ろうとする。

　皮肉なのは、キャシーのためには、彼女はあの建物の中で死んだ方がよかったかもしれないということです。彼女のまさしく最良の親友、スーザンを含んだ、彼女の親しい同僚35人が、オクラホマ・シティ爆破（訳者注：1995年4月、大勢の子どもを含む168人の命を奪った）で殺されました。彼女はそれらの葬儀に参列し、35人の遺体のほとんどの埋葬に立会いました。そしてそれは彼女にとっては大変疲れるものでした。キャシーは爆破の前には、臨床的鬱病と闘っていました。ですから、彼女はかなりの生存者罪悪感を持ちました。彼女は、若くて元気一杯だったスーザンの代わりに、自分が死ねばよかったと感じました。事件後の3年間は、彼女がどんどん落ち込み続けて、意気消沈していくのを見るのは辛いことでした。1998年3月9日、彼女は大量の薬物を飲み込みました。そして3月18日に亡くなりました。ですから、彼女も爆破のもう一人の犠牲者なのです——実際、あの爆破が彼女を殺したのです。
　キャシーは、1978年に、Metropolitan Fair Housing Council（首都圏公正住宅取得協議会）を設立し、市は本当に彼女の公民権での仕事のお陰で大いに開放されました。彼女の死後、彼女は、女性の栄誉の殿堂入りが認められ、Oklahoma Human Rights Commission（オクラホマ人権委員会）は彼女に、彼女の公民権での活躍に対して賞を授与しました。私の悲しみをうまく処理する方

法は、キャシーの生涯の中で、私に続けられる分野をすべて探し当てることです。Fair Housing Council の評議会員に選んでいただいたのは、私にとって名誉なことです。私は、彼女が25年間続けていたことですが、地区の広報誌の編集を引き継いでいます。広報誌の仕事をしていると、私は彼女とつながっている気がします。それと私は、私たちが二人とも所属していた教会でいろいろと活動しています。私は、もし彼女が今でも生きていたら、やっていたであろう種類の仕事を継続している気がしています。

このようなコミュニティへの関わりが私を衝き動かし続けています。教会や地区が私の周囲に結集してくれているので、私は巨大な支援体制に恵まれています。私には、この家とコミュニティから根を引き抜くことは想像できません。

私にとって、車で市内を回り、以下のようなものを見るのは喜びと苦痛の双方の原因となります——住宅協議会事務所、記念碑設置場所、私たちのコミュニティ庭園。私たちには、近所の人々が一緒に作業する菜園があります。すぐ隣に、キャシーを追悼した花壇があります。それを見る度に、私は彼女を思い出します。

フランク・シロフスキー（FRANK SILOVSKY）
哀悼と称賛は、実に糾える縄の如し、だと私は思います。私はキャシーの喪失感を感じますが、また、私は、哀悼をその人物への賛辞として見ます。哀悼がなければ、人は、その人の映像も記憶もなしですませてしまうことができるでしょう。賛辞もないでしょう——そして、私は彼女に賛辞を贈りたい。私は、彼女の夫であったことを誇りに思っています。

記念財団は、生存者と家族に、災難を逃れた楡の木からの苗木を入手できるようにしました。私は苗を1本いただき、それを我が家の表庭に植えました。そして、植える際に、キャシーの遺灰の一部を使いました。私たちはまた、キャシーがお気に入りだったブラッドフォード梨を、市の公園の中の、彼女の親友スーザンのために植えられた木の近くに植え、遺灰を根元に撒きました。ブラッドフォード梨の木は、キャシーが亡くなった季節の頃に丁度花が咲きます。

およそ75人の方が公園での植樹に来てくれました。私たちは大変素晴らしい式ができました。それから私たちは皆で教会に行き、夕食をともにしました。たくさんの方々がキャシーについて話し、彼女との関係を語ってくれました。それらすべてが、私にとっては治療でした。

私は自分がかなり物凄く精神的に強靭だと思っています。私の娘はそのことを知っているので、私のことはさほど心配しません。私の息子は、私が泣き過ぎると考えているので、心配しています。しかし涙は、私なりの発散法です。私は泣くときに放出感を感じます。恐らく私は、平均的な男性よりはよく泣きますが、私はそのことを気にしません。女性が私のより良い友なのは、女性の方が感情処理がはるかにずっと上手だからだと、私は本当に思います。私が知っている、愛する人を亡くした喪失感に苦しんでいる男性たちは、感情を詰め込んで塞いでしまう嫌いがあります。彼らは、泣くことや、悲しみを見せることさえ、弱さの印だと考えます。

　私は、私のことを私の悲しみや逆境だけで語ろうとする人々に抵抗しなければなりませんでした。キャシーが亡くなったばかりではなく、私には、大変な自転車事故がありました。それから、私が大変大切な関係を築いた女性である、ペギーが、脳動脈瘤で亡くなりました。

　この後で私が教会に来たときに、ある教会員が、「何てことでしょう。次は何でしょう。」と言いました。私としては、これには抵抗しないわけにはいきません。私は、二人の女性を死に至らしめ、大変な事故の原因になった人物であることは好きではありません。私はずっとそれ以上です！それに私は、自分の星回りが悪いとは思っていません。私は、素晴らしいことや人々に囲まれていることからして、優れた才能に恵まれていると本当に思っています。

　私は、ティム・マクヴェイが、キャシーの人生の最後の３年間をあれほど悲惨なものにしたので、彼には怒っています。彼の行為がなかったなら、彼女は生き長らえることができたでしょうに。もし加害者が法に基づいて裁かれなかったら、もっとつらかっただろうと思います。ですから、あの二人の男たちが、彼らがしでかしたことを繰り返すことはできないようになるということを知って、私の心はいくらか落ち着いています。しかし私は、死刑には反対です。ですから私は、ティム・マクヴェイを殺すことを認めません。私にとって、超えることは、前に進み続けることを意味します。キャシーは私がそうすることを欲するでしょう。私にはそれがわかっているので、私はそうしています。

フランク・シロフスキー

私は、もし彼女が今でも生きていたら、
やっていたであろう種類の仕事を継続している気がしています。

12 あなたは実際にそうなってみるまで、どう対応すれば良いのかわかりません。

　あなたは実際にそれが試されるまでは、あなたの信仰がどれほど強いのかわかりません。それと、そうなってみるまで、人はどれほどタフなのか、あるいは、どう対応すれば良いのかわかりません。今回のことは、私の信仰心を苦しい試練に立ち向かわせました。しかし、私の信仰心は充分に強く、はっきりと姿を現しました。

　私の夫は大学の聖職者でした。彼は、1997年1月28日（火）の夜、10時15分頃帰宅するところでした。大きな物音がしたので私は窓から外を見ました。すると、人が頭から血を流して通りに倒れているのが見えました。それから夫の車が目に入り、その人が夫だとわかりました。警察は懸命に捜査していますが、今もって本件についてはほとんど何も手掛かりはつかんでいません。

　私は、麻酔をしないで出産することは実に良いことだと考えていました。私は、「うー、私はタフだ」と思いました。今回のことに比べたら、そんなことは何でもありませんでした。

　4ヶ月間、私は一種のショック状態でした。時々私は、2年間に私がしたこ

とは、すべて悲嘆に暮れることであったように感じます。それでも直ちに私は、カウンセリングを受け、子どもたちを、悲しみに暮れる子どもたちのためのグループ活動に参加させました。私は深い悲しみについての本を読みました。教会は助けになっています。そして私は、キリスト教の信仰を持つ人々のための未亡人グループに参加しました。私は、望んでも知りえないほど多くの未亡人を知っています。

　人々は、「彼が死んだことをどのように解釈しますか。」と言います。私はそのことについて100万回も考えました。それでも私にはそのことの説明がつきません。しかし私は、そのことにいつまでもこだわるつもりはありません。良い人も悪い人も死にます。そして、あの夜、一人の良い人が亡くなりました。聖書には、もしあなたが良い人であれば長生きするだろう、だとか、あるいは、もし私が善行をすれば、良いことがあるだろう、といったことはまったく書かれていません。絶対的な保証はありません。私はそのようなものがあるとは決して考えたことはありませんでしたし、夫もそのようなことは一度も考えたことはありませんでした。このように考えるようになったのは、良い神学理論が入っているからだと信じています——さもなければ、私の信仰は粉々になっていたことでしょう。

　私は時々神に対して怒りを感じています。どうかすると私は、「これって不公平だ。本当に最低だ。」と思うことがあります。今でも「私は神を信用できるのか。」と疑問に思うことがあります。でも私は、神はそれでも大丈夫だと思います。事実、私たちはかなり優れた対話——私は神に事件のことを投げつけます——をしてきているので、私は神により近づいているだろうと思います。

シェリー・ブランズフォルト（SHERRI BRUNZVOLD）

私は自分の人生——新たな人生——を取り戻しました——そしてそれはうまく行っています。これが私が持っている人生ですし、私はここから進んで行きます。まあ、良い人生でしょう。戻れるならば私は何でも厭わないでしょう。しかし、私は戻れないという事実を受け容れることができます。いろいろありましたが、総じて私はかなりうまくやってきていると感じています。私は強いのでしょう。でも、他の人たちがそう言うのには辟易しています。

　私が助かったのは、私が事件について多く語ることができたということと、私が、泣くことを気にしなかったことだと考えています。私は、子どもたちの

ために私は強くあらねばならないというようにはまったく感じませんでした。——私は、泣いても構わないということを子どもたちにわからせました。起きたことは酷いことでしたから、酷いことについて泣いても構いません。

　私の8歳の息子、ジャスティンに、「今、君が家族の中の男だからね。」と言う人がいました。私は息子に、「ジャスティン、あなたは男の子です。あなたは私の面倒をみる必要はありません。私には、面倒をみるのを手伝ってくれる友達がいます。あなたは男になる必要はないです。」と話しました。私は、私の子どもたちが、汝は母の面倒をみるべし、というように感じて欲しくありません。

　私の夫と私がここに引っ越して来る前、私たちはシカゴのスラム街の聖職者と仕事をしていました。私たちは楽な生活を望んでいませんでした。私たちは世の中に影響を与えたいと思っていました。私たちは決して、「私たちは殺されるだろう。」とは考えませんでしたが、明日には何がもたらされるかについては決してわかりませんでした。多分それがあったので、私が事件への準備ができたのでしょう。それと多分、私が農場で育ったということが役に立ったのでしょう。農家は天気や穀物価格を制御出来ません。私の両親は、もしあなたが本当に一生懸命に頑張れば、あなたは成功するでしょう、という考え方で私を育てませんでした。彼らはまさに、ある日、一度に、命を落しました。

　もしこの事件で警察が誰かを逮捕したら、私は本当に感情的になるでしょう。恐らく、私が神に対して感じた怒りの幾分かを、犯人に対して感じることでしょう。どうして彼らはそれをしたのかわかりません。ですから私は彼らが捕まって欲しい。しかし、私は、そのことに関わるもろもろのことを経験したくはありません。

　私は、時々人々が、私は何を経験してきたのかが、わからいようなのが好きです。私は、誰もが、私の人生の話を知っていて欲しくはないし、私は、彼らの話を知る必要はありません。私は誰にでも私のことを気の毒だと思って欲しくはないし、私は人々が私のことを「あの人が撃たれて死んだ聖職者の未亡人だ。」というふうに知って欲しくはありません。私は彼らに、「あー、あの人はシェリーだ。」というように私を知ってもらいたい。

　女性というのは、彼らの夫のことについて不満を言うものですが、私は彼女たちに噛み付いてやりたいと思うときがときたまあります。私が持っていたものがないのを寂しく思います。しかしそれでも私は、概ね、彼女たちの人生が欲しいとは思いません。これが私が持っている人生ですし、私はここから進ん

で行きます。私はかなりのことを達成したように感じていますし、私が強いと感じています。状況は酷いものですが、どう対処してきたかについては、そんなことはありません。

　今度のことがある前には、私は楽な生活を送っていました。それから突如として、反対の方に行ってしまいました。私は、重要なことは、起きることにあなたがどう対応するかだけだ、ということを学びました。あなたは持てるものすべて——あなたの信仰、あなたの友達、あなたの人柄——を働かせます。それとあなたには選択肢があります。私はこれらの選択肢のうち、いくつかを失くしましたが、依然として私は、残されたものから選択をしなければなりませんでした。それが人生の意味です！

最新情報……2001年1月7日：2000年4月に私の夫の事件で逮捕者が出ました。私たちのところから通りを下ったところに住んでいた（かなり大きな前科のある）若者が逮捕されました。彼は1997年1月時点では16歳でした！　彼は、彼が生活していた青少年拘置施設で数人のソーシャルワーカーに、彼が事件に関わっていたことと、彼自身が聖職者を射殺したことを語りました。

　裁判は9月に開かれて、10月2日には彼は、第二級殺人罪の有罪判決を宣告されました。ペンシルベニアでは、それは仮出所の機会のない終身刑です。

　彼は逮捕後、決して犯罪を認めませんでした。そして彼自らが証言台に立って、彼がソーシャルワーカーにそれらのことを話したということを否定しました。彼は、全公判を通じて、あるいは判決文読み上げのとき、何の感情も表しませんでした。

　私は私の子どもたちが、私が私の被害者影響評価を読み上げるのを聞き、彼らの父親を殺害したこの男を見られるように、判決に彼らを連れて行きました。私たちは彼に対して何ら憎しみを持っているとは思いません。誰がこれをしたのかを知り、彼が町から姿を消すということを知ることはよいことです。何と言う彼自身の人生の損失でもあるのでしょうか。

　ですから、この一年は大変な年でした。私たちは概ね順調です。神は私たちに偉大な友を授けてくれ、大いなる力を与えてくれました！

シェリー・ブランズフォルト

13 | 私は、1995年4月19日に、すっかり落ち込み、身動きが取れなくなってしまった。

　私は生活のために働いている他の怠け者とまったく同じようなものでした。死刑のような政治的な問題についての議論に参加しようとはするのですが、参加はしませんでした。そんなとき、私の23歳の娘、ジュリーが、1995年のオクラホマ市、アルフレッド・P・ムラー連邦ビル爆破で殺されました。

　初めのうち私は、辛くてどうしようもありませんでした。私が望んだのはただ、あの二人が電気椅子で処刑されるのを見ることでした。私は1日に煙草を3箱吸い、酒を痛飲しました。私は肉体的にも、精神的にも病んでいました。私は、1995年4月19日に、すっかり落ち込み、身動きが取れなくなってしまいました。振り返ってみれば、それは、一時的な狂気の期間と呼べるものです。

　私は爆破現場に足を運びました。そして、難を免れた木の下に立ちました。ジュリーが述べたことが、私の心に響き始めました。私たちはアイオワを車で走っていて、テキサスでの死刑執行についてのラジオ放送を聴きました。ジュリーの反応は、「お父さん、大人がやっていることって、どれもみんな、子どもたちに憎悪を教えることだね。」でした。そのとき私は、そのことについて、それほど多く考えませんでした。しかしその後彼女が亡くなって、そのことについて考えるようになりました。

私は、死刑で娘が戻るわけではないことはわかりましたし、死刑は復讐と憎悪だということもよくわかりました。それに、ジュリーと167人が命を失った理由は、まさに同じことが原因でした。即ち、復讐と憎悪でした。理由は、マクヴェイとニコルスの連邦政府への憎悪でした。もし彼らが、ちょうど私たちが、囚人を処刑するときに、私たちは私たちの大儀のために正義を行っていると考えるように、彼らの大儀のために正義を行っているということが正当化されないと感じたとしたら、彼らは決してあのようなことはしなかったでしょうに。

　1996年4月に一人のリポーターが私に、「ねえ、あなたは、マクヴェイとニコルスが裁判にかけられ死刑になれば、きっと嬉しいでしょ。」と言いました。私はただ首を横に振って、「いいえ、それは私が望んでいることではありません。」と応えました。彼女の目付きは、「ここで私はこの男と、彼の素晴らしい娘について、実に45分も話したのに、この人ったら、イカレテいるわ。」でした。

バド・ウエルチ（BUD WELCH）
信仰を新たにしたキリスト教徒であるということがどういうことなのか私にはわかりません——私はローマカトリック教徒ですが、そのことについて私たちは余り話しません——しかし、このことが意味しているのは、絶対的な恐ろしさを切り抜けることができるということです。

　私は続けて、私がそれまでに辿って来た心の旅路の説明をしました。すると彼女にも意味がわかり始めました。彼女は、「ねえ、この話使ってもいいかしら。」と言いました。

　あなたが、オクラホマの真ん中の酪農場で育てられ、ガソリン・ステーションを35年間経営していれば、あなたは、それほどメディア向きではなくなります。私は、「何で？　構わないさ。」と言いました。

　その後何週間も、私の電話は、鳴りっ放しでした——ただ単にメディアだけからではなく、一般市民からも。私は、やっと彼らが本当に何で電話をかけてきたのかがわかりました。彼らは、彼らがオクラホマの岩の下から見つけてきたこの変わり者が誰なのかを探り出すことだったのです。しかし私は、一歩一歩、私が辿っている心の旅路について彼らに語って行くでしょう。

　一度あの復讐と憎悪から解放されると、この上なくいい気分でした。それか

らは、私は生活を落ち着かせることができました。私は自分の節酒、節煙を始めました。私は、自分の内部でのいろいろな事柄との折り合いをつけ始めることができました。まだ途中ですが。今でも私には、私を襲う怒りの瞬間がありますが、かつてに比べればそんな瞬間の間隔がずっと空くようになりました。

　人々は、「そんな状態になるのには相当祈ったのですか。」と訊ねます。私には、クソッ、何回、天使祝詞（アヴェマリア）を口にしたかわかりませんが、私は祈ってはいませんでした。私はただ言葉を口にしていただけでした。私はそのことを最近、ある話し合いの場で言いました。すると、ある司祭が、遠慮なく、「あなたにそれがわかろうとわかるまいと、それらの祈りの中には、神の耳に届いたものもあります。」と言いました。そう、へーえ、神に届いているものもあるのだ。

　今私は、積極的な死刑反対論者です。人々は、「あなたがこういうことをしているのは、ジュリーが理由ですか。」と訊ねます。それは多分いくらかあるでしょう。私は彼女の旗を掲げていますから、私には、世界中が私の娘はどんな人間であったかを知って欲しいという感じがあります。人々が私に話しに来て欲しいと依頼するとき、そのとき私は、私の娘がどんな人間であったかを語れる更に何千もの耳を持てるのです！

バド・ウエルチ

> 私は、死刑で娘が戻るわけではないことはわかりましたし、
> 死刑は復讐と憎悪だということもよくわかりました。
> それに、ジュリーと167人が命を失った理由は、
> まさに同じことが原因でした。即ち、復讐と憎悪でした。

14 | 私は、こんなにも深く、暗い、階段のない穴に落ちてしまった。

　1992年、私は見ず知らずの男に誘拐され、レイプされ、激しく殴打され、人里離れた荒地に捨て置かれ、死ぬところでした。幸いなことに、私は、近くでキャンプをしていた5人の10代の若者たちによって救出されました。

　目を覚ましたとき、私は、危機的な状況にあったということと、傷害は生死に関わる程だったということを知りました。私は多くを覚えていませんが、鳥が囀り始めているのを聞いた覚えがあります。鳥は使者のようでした。私はまだ生きていると言っていました。今でも毎朝目を覚ますと、私は命あることを感謝しています。歩いて、話ができることを、私はとても感謝しています。私の場合のような傷害を負った人のなかには、このことをわかろうとして何年も費やす人がいます。

　公判中に記録が取られる宣誓証言は、私がこれまで経験した最も不快極まりないものでした——フォルクシュタイン＆クレイマー（Wolkstein and Kramer）の「Inanna: Queen of Heaven and Earth」イエンナ：天国とこの地の女王の中で、天の女王は、7つの門を通らねばならず、それぞれの門で、身に纏ったものを一枚ずつ脱がなければなりません。彼女が敵のところに辿り着くまでには、彼女は裸になります。それは、自らの尊厳も含めてあらゆるものを剥ぎ取られて、私がされたときまでにどう感じたかとまったく同じものでした。

　それから、もう一つ別の審理のときに、加害者は逃亡したんです！彼は道を

走り下り、私の夫のビジネス・パートナーであった友人が、彼を捕まえました。もし私の友人がそこにいなかったとしたら、どうなっていたのでしょうか。彼は捕まったでしょうか。私は怖かったです。

とても腹が立ったときがありました。どうして神はこのようなことを私に起こさせることができたのでしょうか？ 何故私はここにいるのでしょうか？ 私には、「何故」の問いかけに答えが出されたとは思えないのですが、それが以前ほど重要だとは考えていません。私は、「何故私が？」への答えは見つけられませんが、それには多くのエネルギーが必要なようです。

私は養女として引き取られました。ですから遺伝的には何を受け継いでいるのかはわかりませんが、私はアメリカ先住民の文化に性が合っていると感じています。とりわけ、学校で先住民族の文化の中の癒しについて学んだ後では。私は、彼らの儀式のいくつかを使います。私は、物語になっているビーズを使って、和睦のパイプを作りました。それは私にとっては癒しでした。私はまた、サウナを建て、夫と私で使っています。これらの儀式は、私には大切で、それらは夫にとっても、大切になっていると思います。ですから私たちは、これらの小さな儀式を一緒にやりますが、それが大切だと思います。それは癒しの道の一部なのです。

スーザン・ラッセル（SUSAN RUSSELL）
ほとんどのときは、サバイバーのように感じますが、ときたま私は、被害者のように感じます。2年前、私が、そこにあるとは想定されていない私の写真を、公文書の中に見つけたときのように。私は、被害者のように感じましたが、そのことについて私がしたことは、私の中のサバイバーでした。私たちは誰もが、私たちが事件の後に取る道を選びます。被害者になることも選択できますし、サバイバーになる選択もできます。

最近私がクラスで話しをしたとき、サバイバーだったメキシコ系インド人の女性がいました。私が話し終えた後で、彼女は、私にセージ葉と花を持ってきて、私を抱きしめました。彼女は彼女の手を、ここ、私の心臓のところにあてました。私はただ泣いて、泣きました。私が思うに、あれも儀式と呼べるのではないでしょうか。それは素晴らしかったです。それは私が必要としていたものでした。私はあの経験を決して忘れないでしょう。

裁判のときは、私はひたすら私の加害者が死んで欲しいと思いました。私は相当一生懸命に努力をしてきましたが、どれほどそのような姿勢が変わったの

かはわかりません。ときたま私はただ、私が線の上を、それも赦すことと憎悪の間の、実に微妙な線の上を歩いているように感じます。私には、赦すことがどんなものとして想定されているのかまったくわかりません。人によってそれぞれにその解釈は異なります。私なりには、加害者のことを毎日、毎秒は、考えないことだと解釈しています。それと、私が教会で人の話しを聞くと、私は、あらゆることがごちゃ混ぜの状態のように感じます。この点に関して私の立場はどうなのかわかりません。

　私にとっては、犯人が処罰されることは大変重要でした。彼は私から非常に多くのものを奪いました。ですから、彼には、彼からいろいろなものが奪われることが必要なように感じていました。私は彼に、私が感じた激痛を感じて欲しかった。また私は、彼は償いをしなければならないと感じていました。このすべての対価は桁外れに大きな数字でした。私は損害賠償を求めましたが、彼には金がないからという理由で、却下されました。私はそのお金を、学業に戻りたいという被害者のための奨学金を支給する基金に蓄えたいと思いました。何故なら、学業に戻ることは私にとってとても重要でしたから。彼が全く何も払わなくてもよいということで免れた事実に私は大いに怒りを感じています。彼は責任すら取っていないか、この罪を犯したということすら認めていません。

　私は劇的に変わりましたが、私は自分自身も私がしていることも好きです。私には境界線を設定できるということがわかるのは好きです。私が親切でも、優しくもないという事実が好きです。それに、私は、刑事司法政策の面での専門的キャリアについて書いたり、さもなければ、そのことに焦点を合わせようとしているとは考えていません。私は依然として、人々を森に案内し、スキーパトローラーとして働いているでしょう。私は、以前の私が、今私が自分自身をわかっているように、自分自身のことをわかっていたとは思いません。私は、良いスキーヤーになろうとすることで忙し過ぎました。

　私の世界全体が今は違っています。私はかつての私のことを深く悲しみます。彼女はいなくなりました。埋葬されました。彼女は天真爛漫で、とても愛想が良く、非常に積極的で、大変屈託のない人でした。今私は、私が1分間でも1時間でも安心していられる場所にいるときに、それを大事にします。今私は、考え、熟考し、そして書くために、一人で時間を過ごす必要があります。書くということが、私にとっては、実に良い捌け口になっています。いろいろな関係も変わりました。今私には、親しい友のほんの小さな輪があるだけです。

　私は始終、不名誉と不面目と闘っています。しかし私について「神話、英雄、

ヒロイン、そして英雄的旅立ち」という論文を書き上げたとき、私は私の勇気を認識したと思います。いくつかの文化にみる神話の中の英雄やヒロインの旅を研究した後で、私は、私が実際、ヒロイン／サバイバーの道を辿ったということがわかりました。これを書くことで、私が持っていた目標、即ち、私の話を公表することが達成されました。私は他の人々を助けているだけではなく、経験によって残された私の傷跡をいくらか癒し始めていると感じました。

　最初の3～4年の間、私が憂鬱になったとき、私は、こんなにも深く、暗い、階段のない穴に落ちてしまったように感じました。私の夫や友人が私のために何かしてくれたとき、彼らは、ロープを降ろしていました。今穴を前にして、私には、私を引き上げるのを手伝ってくれる人を見つけるために私が必要とする道具はあります。そして、私は依然として、ときには私自身がロープを必要とするかもしれないということを認識しつつ、今は、私が、他の人たちにロープを降ろすときです。被害者擁護者としての仕事の中で、私は幾ばくかのお返しをしています。

　最新情報、1年後……一年前には、私は、昔のスーはいなくなり、二度と戻ってはこないということを本当に思いました。私は彼女がいなくなって寂しく思いました。この1年間に、私は、彼女がいろいろな形で戻って来たと感じています。例えば、ほんの少しばかりより愛想が良くなっています。私は、1年前までだったら決してそうはなれなかった昔の私自身を幾分見る思いです。私はそれを大事にしています。

今は私は、本当に独りになって多くの時間を過ごしたいし、そうする必要があります。最近私は、犬を連れて一人でハイキングに出かけました。8年間やっていなかったことの一つです。それは幾分かは昔のスーでしたが、また同時に、新しいスーが、恐怖を引き受けて、ものごとを熟考するために一人でのその時間を望んでいたのです。

　私は、そのことが決して起きていなければよかったのにと願いますが、これがあって出て来たすべての前向きの事々について考え続けています。私は、丁度修士号を受けましたし、Victim Services 2000（訳者注：米国司法省司法プログラム課 Office for Victims of Crime「犯罪被害者局」が主催し資金提供も行う被害者支援プロジェクト）のコーディネーターとして活動しています。それと、夫と私は、これまで以上により親密になりました。それは、新しい分野であり、新しい成長です。そして私は本当にそれが気にいっています。

スーザン・ラッセル

15 | 陪審は彼を無罪とした。
私は打ちのめされた。

　発砲があった夜、病院スタッフは車のついたベッドに私を乗せて、手術の前に、私の部屋に私を運び込みました。私の新しいルームメートは、テレビを見ていて、テレビでは私の家を映し出しています。その男が、「あんたさあ、奴らがこの男と女を射殺したんだ！」と言います。私は、「そうじゃない。彼らは私を殺さなかった。」と言いました。彼は、「あー、あんた――あれはあんたの奥さんだったのか？ それは、お気の毒に。ねえ、あんたわかってんの？ あんた良い家持ってんじゃない。」と言いました。思わず噴き出してしまいました。私は、人生で最も衝撃的なことを経験したばかりだというのに、こいつが言わずにはすまないことが、私は良い家を持っている、ということだけだなんて。しかし私は、再び立ち上がって、この良い家を元通りにしなければなりませんでした！

　1986年に私たちが結婚した後で、シャロンの前のボーイフレンドが、彼女をつけ回し始めました。そして1992年に、そのストーカーの弟が玄関のところにやって来て、シャロンに贈物があると言いました。彼はショットガンを持っていました。私は娘たちを連れて、奥の寝室に走り込みました。それから私は、彼に体当たりをしました。彼は私を撃ちました、そしてそれからシャロンを追いかけました。彼らが私を救急車に運び込んでいたときに私は、「二人目

の被害者、即死。」が無線で流れるのを聞きました。私は、「私の妻のことを話しているのだ！」と言いました。付添い人はただ頷くだけでした。その瞬間、私の心に浮かんだ最初の思いは、「私が私の娘たちを育てよう。」でした。

　私の娘たちは、4歳と、5ヶ月です。シャロンと私は、娘たちの世話をする責任を分担していました。家では、シャロンは不可欠な存在でしたが、私はお楽しみ用でした。なので、私は、私の家族の世話をし始めなければなりませんでした。私はこんなふうな形でそうする準備はできていませんでしたが、不可能な課題になることはありませんでした。

　私が若かったとき、私を育ててくれていた祖母が、脳梗塞を患いました。1978年から、彼女が亡くなる1990年まで、私が、ほとんど彼女の主要な看護人でした。1日しっかり働いた後で、私は、車で町を突っ切って、私が育った家に行き、彼女に食事を与え、風呂に入れ、寝付かせるのでした。そのことが、私に、世話を必要としている人の世話をすることができる力を与えたと思います。

リカルド・ウイッグス（RICARDO WIGGS）
人は「あんたは本当に強い奴だ。」と言います。私は、「私はあんたらより強いなんてことはない。」と応えます。要は決心です。強さとは、あなたが何をすると決心したかによって測られるのです。

　裁判が開かれ、陪審は彼を無罪としました。私は打ちのめされました。それはまるで12人の人たちがそこで立ち上がって、ショットガンに再び弾丸を込めたようでした。私が法廷から出て来たとき、私はテレビのリポーターに言いました。「今朝私が、家を出たとき、私は娘に、父さんは、母さんを殺した悪い人をやっつけてくるからね、と言いました。今、私は、家に帰って、できなかった、と言わなければなりません。」と。

　私にとって重大な決心は、復讐はしない、ということでした。私は決して魔性のものを持った人間ではありませんでした。私は聖書を持ち歩いたりはしません。しかし私は常に、正しいことをすることが、この世での私の立場だということ、そして、弁明は正しいことではないだろうということはわかっていました。しかし私は今でも、引き続きそういった考えと闘わねばなりません。記

念日だとか休日のような日になると、ときたまそれらの考えが心に浮かびます。

　もう一つ私が心に決めたことは、前進することでした。もし私がシステム・アナリストとしての職業生活で進歩がなければ、私は家族を養うことに失敗してしまっただろうと感じました。しかし、他の人たちを助けるという決心は、難しい決心ではありませんでした。何故ならば、このことは、私の人生の一部だったからです。私の祖母は、誰でも助ける人でした。そして、彼女を助ける人が誰もいなかったときには、それは私の仕事だと承知していました。

　私は私の祖母を失くし、シャロンを失くし、それから、母を失くしました。私の人となり、私の人生での生き方において私に影響を与えた、私の人生における３人の非常に重要な女性が、すべて1990年代に私を残して他界しました。これらの事々が起きたことが、私を、強くしたのではなく、受け容れるように仕向けました。何かが起きます。そして何かが起きてから最も大変なのが受容です——これが私の人生になるだろうということ、これが普通だということの受容です。これが私の今いるところです。私は、私に変えられることは変え、変えられないことは受容するつもりです。

　私の場合、私は決して完全な正義は期待できないでしょう。完全な正義とは、有罪判決だったでしょう。しかし、他の誰かが安全であることを確実にすることが、私にとっての正義です。私は、ストーカー行為に対して、より過酷な処罰を執行するために動きました。何故なら、それが私の妻の死の原因だったからです。メリーランドは実際に法案を可決し、今、大統領によって署名された州間ストーカー法があります。私は、その署名に立ち会うように、ホワイト・ハウスに招かれました。ですから正義はあります。

　私は、被害者としてよりもサバイバーとして知られたいです。私は、祖母の死と、彼女の晩年での、家族による祖母の介護の無視を経験してきました。私は、私の母の癌を生き抜いてきました。私は、殺人事件を経験し、私自身撃たれました——私はそれほど死に近かったです。私は、新聞配達の少年のようです。つまり、何が起きようとも——雨が降ろうと、雪が降ろうと——あなたは、私が新聞を配達するのを見るでしょう。

リカルド・ウイッグス

私たちは裁判を経験し、最悪の事態を経験しました。
それから私は、これが私の人生なのだと、
これが、私が一緒に生きなければならないことなのだと
わかりました。
そのために私が尽くしたあらゆるものが、
この事件の前に私だったあらゆるものが、
なくなってしまったわけではありません。
ただ置くところを間違ってしまっただけです。

> 私にとっての希望の光は、
> 最終的には正義が行われるだろう
> ということだ。

16 彼は私の意識にとりつくようになった。

　　ジョーイが殺された後、私はよく墓地に行ってかなり座っていたものでした。あるとき、雷鳴と稲光の中で、本当に凄い暴風雨の間中、座っていました。雨が大変激しく降り、稲妻がいたるところに落ちていました。私は、神と自然に向かって、「あなた方は怒っているのですね。いいでしょう、私はあなた方よりずっと怒っています。大声で叫ぶのだったら私はあなた方に負けません！」と喚き散らしていました。稲妻はあたり一面に落ちていました。そして私は、「何故こんなことが起きたの。彼を返して頂戴。」と、ひたすらより大きな声を張り上げました。私は、あらん限りの声で、「ジョーイ」と叫ぶのでした。それは、私と自然との闘いでした。最終的には嵐は収まり、虹が出ました。私はずぶ濡れになり、二日間話ができませんでした。しかし、そうするだけのことはありました。

　　私は、ジョー・ブラッカーの母です。私の結婚生活はあまり芳しいものでは

ありませんでした。そしてジョーが私を支えてくれました。

彼は、私の息子であり、友であり、弟でもありました。彼はまさに私の心の拠り所でした。それから彼は、1998年に、17歳のときに、私の車の中で撃たれて殺されました。犯人は彼に8発も撃ち込んだのです。

この若者コリーは1999年に裁判にかけられ、無罪になりました。彼が法廷から連れ出されたとき、彼は振り向いて、私にウインクしました。ですから彼は個人攻撃をしたのです。この脅しのせいで、私が動ける範囲は狭められました。まるで私の方が刑務所にいる人間になったようでした。

コリーは私の意識にとりつくようになりました。——私は、私が彼に、私の息子を殺したことの償いをさせると約束しました。そして私のほとんどのエネルギーはそのために使われています。初めのうち、私は彼を殺したいと思いました。それでは私が刑務所に入り、私のもう一人の息子を親なしにしてしまうことになると気がつきました。そこで私は、この加害者が忘れ去られてしまわないように、彼の事件を司法制度の中で、活動状態で、動作中の状態に維持しておくことを丁度始めたところです。私にとっての希望の光は、正義が最終的には行われるだろうということです。そうすれば、私は安らぎを得られるでしょうし、ジョーイも安らぎを得ることでしょう。私には地中に横たわっている赤子がいますが、彼を傷つけたことの責任が誰にも問われていません。

デボラ・ブラッカー（DEBORAH BRUCKER）
誰だったか——エマソンだったと思いますが——雲は魂にとっての筏だと言いました。私は、雲がいろんな形になるのを見ます。そして、ジョーイはどれに乗っているのだろうか、と考えます。

私の心はズタズタになりました。そして、この世で私に生き続けさせるのに充分なものは何もありませんでした。そのとき私の年下の息子マシューがある日、私のところにやって来て、私の両手を掴んで、「僕を見て。僕はまだここにいるんだよ。母さんにはまだ夢があるでしょ——母さんには僕という夢があるじゃない。ジョーイと一緒に死んじゃだめだよ。コリーなんかに、僕から母さんとジョーイの二人とも奪うようなことをさせてはだめだよ。」と言います。そしてその瞬間、私は彼の兄の目を覗き込んでいました。まるで一人の中にマシューが、二人になったようでした。

私には、私がどう感じるかを理解できる素晴らしい人が見つかりました。私たちは結婚し、祭壇の右側に、ジョーイの写真と蝋燭を乗せた小さなテーブルを置くことにしています。誰もが一輪の薔薇を持っているでしょう。何故ならば、それが私のジョーイの象徴だからです。私はその薔薇を投げません。私の薔薇は、彼の墓に捧げられるでしょう。

デボラ・ブラッカー

最新情報——本インタビューが行われている最中、デボラの結婚式の前の午後に、彼女の息子の殺人の容疑で告発されていたその若者が、別の容疑で逮捕されました。この容疑は、彼に取り付いて払い落とせそうもありませんでした。

> 稲妻はあたり一面に落ちていました。
> そして私は、「何故こんなことが起きたの。
> 彼を返して頂戴。」と、
> ひたすらより大きな声を張り上げました。
> 最終的には嵐は収まり、虹が出ました。
> 私はずぶ濡れになり、二日間話ができませんでした。
> しかし、そうするだけのことはありました。

17 正義とは真実を知り、真実に基づいて行動することである。しかし私には、真相全体がわからない。

　私の妹が殺害されてから、私は、道義的にみて、彼女の殺人犯の命を奪う義務があるように感じました。私は、私が軍隊時代に受けた訓練が消えてなくなってはいなかったということを発見しました。私はまさにそうしたがっていました。まあ私としては、元兵士であればほとんど誰もがそうしたがると思います。あなたが人殺しとそれほど違いはないということをあなたは実感するわけですから、それは実に怖いことです。

　メアリーは将来が約束された若き教育者でした。彼女は34才になって間もない1978年に殺害されました。私は彼女がいなくなってみて、私たちがどれほど近かったのかが、よくわかりました。というのも、私はそれ以後、彼女のような友人には一人も出会っていません。私は毎日彼女のことを思っています。一人っきりになって、暫し我を忘れるようなとき、気がつくと私は、「さよなら、メアリー。」とか「メアリー、助けてくれ。」と言っていました。それは、

私の抑圧された意識からただ湧き出てきて、噴出するだけです。

　一度も公判は開かれませんでした。二日も経たないうちに、警察は、容疑者を、彼女の夫だけに狭めていました。彼は彼女が殺害されるおよそ6ヶ月前に連発拳銃を購入しており、彼女の生命保険4件に加入していました。しかし地方検事は、敗訴を恐れて、裁判に掛けることを渋っていました。

　メアリーの夫は、保険金を手に入れ、私の妹と彼とで設立した教育センターを維持しました。そして今でも、彼女の著書の印税を手に入れています。私たちの家族にしてみれば、ここには彼自身の利益のために、意図的に命を奪い、それから、家族を、カリフォルニアの法律を、そして道徳律を平然と無視し、この犯罪から利益を得るために進んできた一人の男がいるように見えました。完全犯罪であるかのように見えます。

　法は私たちの期待に背きました。ですから私たちは、法体系の外側で対処しなければなりませんでした。私たちはその犯罪に先行するいくつかの出来事を再現するためにあらゆる努力を惜しみませんでした。私たちはそれをひとまとめにしましたが、それは恐らく、法廷での合理的疑いの余地のない証拠にはならないでしょう。私たちはまた、私たちがひょっとすると間違っているのかもしれないという考えにひどく苦しめられています。無実の人々が有罪を宣告され、死刑に処せられということが以前には起きました。公正を期すには、起きたことについて他にも説明がありうるのかを調査することが私たちには必要でした。しかしその可能性はすべて消えました。

ジョーゼフ・プレストン・バラッタ（JOSEPH PRESTON BARATTA）
私は自分の中に復讐心に燃える衝動があることを発見しました。私はまた、国連を通じて法の支配を強化する活動の歴史を研究をすることによって、人類のお役に立ちたいという私の決定に反映されているような、非常に寛大な性質が私にはあることも発見しました。私の学術的な仕事は、妹の殺害が動機となっています。それは、暴力的な侵害に対する創造的な対応です。

　最初の数年間、私は、すべてのひどい苦悩の最も初期のものを経験しました。私は、妹の殺人犯を処刑する道義的な責任があると感じました。私にはそれが私の道義的義務だと感じられました——もし警察が役に立たないのであれば、家族が介入しなければならない。それはまさしく原始的な血讐の状況でした。誰一人としてそれが、私がすべきことだと、公然と言った人はいませんが、

人々からは、彼らがそれを期待しているということを示唆する様子や発言がありました。

　私にはどうしたらよいのかわかりませんでした。私は海兵隊で勤務したことがあったので、武器の扱い方はわかっています。とはいえ、私は殺したくはありませんでした。私は密かに思いました。「私が間違っていることもあり得る。しくじることもあるだろう。誰か他の人を傷つけてしまうかもしれない。」と。そして、私は、「こんなことをしたら、私たちがこれまで苦しんできた悪行にもう一つ悪行を単に付け加えることになるだけだろう。」と考えました。

　それはベトナム戦争の二の舞のようでした。即ち、私たちは、悪には悪をもって立ち向かうのか、あるいは、悪に善をもって立ち向かうのか。私の父は、もし私たちがクリスチャンであるならば、私たちは、加害者が私たちにしたことを、彼に対してすることはできないでしょう、と言いました。私の母は、私たちは威風堂々と振舞わねばならない、と言いました。私は、私たちは正義を求めなければならない、と言いました。しかし私は、血讐の精神では行動しないことを選択しました。そこで私たちは、それに代るべき対応を探し求めました。

　私の一族は、悲嘆に暮れて、若死にしました。ですから私が唯一の生き残りですから、私は、私なりの正義の理解の仕方で、正義を追求しています。私は、マタイによる福音第5章、山上の垂訓の精神で、最重要容疑者の良心に働きかける様々な手段を試みました。私は彼に面会しようともしましたが、彼が拒みました。私はまた、メアリーの教育への貢献度の専門的な評価の準備をするために、研究者を雇いました。彼女は、存命中、非凡な人物でしたので、私は、彼女の仕事を続けたいです。それは、破壊された彼女の人生を是正しようとする試みの一つの方法です。私は、21年を経た後でさえ、私が無能ではないことを明らかにしています。私は、屈服もしていなければ、死んでもいません。必死になって、彼女の人生と名声を維持しようと努めているところです。

　エリザベス・カブラー・ロス（Elizabeth Kubler-Ross）は、最愛の人の死の悲しみの4段階について書いています。最初は、信じられない気持ちで、次に、怒りが来て、それから意気消沈があって、最後に来るのが、受容です。私は受容の段階には一度も達したことがありません。私は現実を変えねばならないと感じています。州法や道徳律を無視して、妹を殺害することが自らの個人的な利益になると見て、そして罰せられることもなく、そうすることができると想像している誰かがいるという現実を。

　私の目標は、彼を正義に晒す、あるいは、彼を法に照らして処罰する、ある

いは、何よりも先ず、彼が何らかの形の赦しを求めるようになるために、彼の良心を呼び覚ますことです。山上の垂訓の精神において私は、あなたに、私は赦す用意ができていると言えます。しかし私は、反省の印がなければ喜んで赦すわけにはいきません。

　かなり早い時点で私は、この犯罪を神の下に置くことを拒むところに達していました。神がこの犯罪と何らかの関係があったとは私は考えていません。これは、人によって犯された罪です。不可解な目的を持った公正な神といった考え全体が、私の思考からは消えています。私は、神が私を罰するためにこんなことをしたとは考えていませんし、この犯罪によって満たされている何かより大きな目的があるとも考えていません。私は、今回の全体を、人類の一つの失敗と見なしています。

　私は、思い遣りのある神の、良い統治を信じることができない、と心に決めました。私は引き続きクエイカー教徒の集会には出掛け、神を差し迫った神として、私たちの心の中に聞くことのできる魂として理解しています。それは静かで、小さな声です。しかし、宇宙を創造し、統治する、超越した神はいません。私は、命を奪うこと、とりわけ堕胎、そして防衛的戦争、死刑に関わる社会的な問題の理解に努めてきました。計画的な殺人に関しては、死刑が、わが国における悪行の基準をもとに戻し、そのような犯罪の抑止に貢献できるだろうという見解に達しました。

　正義とは、真実を知り、真実に基づいて行動することですが、私には真実が、真相全体がわかりません。私は、本事件が、正当な法の手続と、証拠の基準に基づいて、証拠がコミュニティに適正に提示され、誰もが判断できるような、裁判になることをむしろ好みました。妹を殺害した犯人に対する処罰は、コミュニティの法を通じて、コミュニティによって確定されるべきです。私は、この私の事件においては、法の支配を確認したい。もしこの男の有罪が宣告されれば、裁判官がどんな処罰の裁定——20年の禁固であろうと、終身刑であろうと、死刑であろうと——をしようとも、私は満足するでしょう。私は、真実を知りたいのです。ですから、他の人々に処罰を決めてもらって一向に構いません。

　家族として私たちは、この事件に私たちの神を捜し求めました。私たちは、正義の本質を捜し求めました。赦しと和解を見出す方法を捜し求めました。しかし、もう一つのことがありました。そしてそれも重要でした。私は私の人生において、ある積極的な仕事に熱心になりました。そしてこれは、私の博士課

程の国際外交史の研究を終えることでした。国連を強化するための活動に関する博士論文を書きました。海兵隊兵役の後、私は、平和運動に専念しています。私は、国際機関を通じて、法の支配を強化するための現実的な努力を、知的にもつれを解くことによって、平和の大儀のために尽くすように努めます。

それは大きくて複雑な問題ですが、人類としての私たちの未来の中心にある問題です。これまでに私は、2冊の本を出版し、いくつかの研究論文や原稿を発表し、私自身は、国連改革と世界連邦政府の大義という、極めて狭い分野での、ある種国際的に知られる歴史学者になっています。

私の家族に対してなされた不法行為は、例えば、ホロコーストで殺害されたユダヤ人、あるいは、第二次世界大戦で殺戮された6千万人の人々につながるすべての人々に対する悪行に比較すれば、小さいものでした。しかし私は、正義の問題には敏感になっていて、今私は、その分野で私にできることをしています。私は、私に起こったことを人々に語ることによって、誇張して述べることはしませんが、そうすることが、私なりの、妹の殺害への対応なのです。私の大学の歴史学科で、このことを知っている人は誰もいません。

私にとって、人生における原則的な美徳は勇気です。私は、戦闘中の兵士の如く人生を送ります。闇と人間に潜む悪と、無知に向かって、丘を突撃しなければなりません。私は平和への戦士です。

本当のところ、21年経ったから、私にはこのようなことを何とかすることができるように思えます。しかし1～2年前までだったら、私はそのことについて泣かずに話すことは出来ませんでした。思うに、それは私が感情を相当に抑え続けてきたからです。それから私は、敢えてこのような話をし始めました。私は、この話を聞いてもらうことによって友人を失うこともあり得るということは承知しているので、本当に迫られるまでは人には話しません。このことについてこれだけの年月が経った後でやっと語れるということは、幸運なことであり、助かっています。

ジョーゼフ・プレストン・バラッタ

18 | 私のしたことが、
彼女の死の一因となったのだろうか。

　私の経験では、人々が被害者になったときにどう反応するのかは、彼らが犯罪の被害者になる以前にどこに身を置いていたかが鍵となります。それまでの人生でどんなことが起きていたのか、どんな性格特性だったのか、どんな能力と専門的な経験が、被害者となることの準備をさせたか、あるいは、それを増幅させたのか。人々がする決定は、これらの犯罪被害前の経験や専門知識に基づいています。

　私の母は、1990年に自宅でレイプされ殺害されました。捜査の不手際で、第一容疑者が父になりました。私の父は、殺人事件の28ヶ月前に、脳卒中で倒れており、歩行器がなければ、歩けもしなければ立っていることもできませんでした。

　私たちが父の弁護の役に立とうとしたときに、私たちも捜査の一部になりました。私が、父の正式な代理人になることを求めたとき、彼らは私を、司法妨害だと言って脅しました。そこで私たちは、被告側弁護人を雇いました。する

と彼らは、皆に、「トーレス家は被告弁護人を雇った。ということは彼らは何か隠し事をしている。」と言い始めました。援助を求めた私たちの合法的な質問や嘆願は、彼らが考える正しい容疑者から捜査官の注意をそらす以外の何物でもないとされました。

そのことがあって私自身への司法制度の教育が始まりました。私は、可能な限り多くの情報を収集することが必要だと感じました。何故ならば、そうしない限り、この人たちが間違っているということを私たちが証明できる方法がなかったからです。私の研究者としての経歴が役に立ちました。私は、私たちが当局者によって嘘をつかれているという構図、深刻な能力の欠如があるという構図、右手は左手のしていることを知らないという構図を確証しました。

殺人事件の後、家での状況は本当にひどくなりました。私は帰宅しては泣くようになりました。私は仕事中に泣きました。私は妻を怒鳴りつけました。ほんの些細なことでも、私はカッとなりました。私は始終非常に怒っていました。私たちは、私たちの情緒障害を切り抜けるのを助けてもらうために聖職者と会う約束をしました。彼は耳を傾けていましたが、暫くすると自分の腕時計を見て、「さてと、私は今日の午後はゴルフに行かねばなりません。ですから、私たちはお祈りをしましょうか。」と言いました。その次に私たちが教会からもらった連絡は、「10分の1税の支払いの時です。——どうぞお申し込みをお願いします。」でした。教会には、離婚した人々へのプログラムはありますが、犯罪で被害者になったことに苦しむ人々へのプログラムは一切ありません。そこでこの経験から私は、刑事司法制度から教会まで、私たちの今ある生活の中で持っている制度全体に疑問を投げかけてみようという気になりました。

ヴィンセント・トーレス（VINCENT TORRES）
私の父の汚名を晴らすことが、一変する瞬間でした。それは、「貴様ら最低な野郎ども、俺は親父が犯人じゃないと言ったのに、貴様らは俺の言うことを信じようとしなかったな。今、俺には証拠がある。」というようなものでした。

私は、私の母が、私の子どもたちに文化的なことを教えてくれることを期待していました。私にはタマーレ（訳者注：とうもろこしの粉で作ったこね粉と鶏や豚の挽き肉を混ぜ、とうもろこしの皮で包んで蒸したメキシコの庶民の食べもの）の作り方

がわかりません！　今や、誰が子どもたちにタマーレの作り方を教えるのでしょうか。私たちのしきたりでは、母さんに来てもらって、クリスマスを一緒に過ごしてもらいます。しかし最初の２年間、私たちはクリスマスを祝いませんでした。以上、それまでということでした。私たちは、その食卓での空いた空間をどう埋めれば良いのかわかりませんでした。思い出について考えるのは余りのも辛過ぎてできませんでした。

　ある時点で私の妻が言いました。「ニコルが３歳になります。あなたは彼女のためにツリーを立てなければいけないでしょ。あなたのお母さんだったらそれを望んだことでしょう。私は、私たちで、ニコルが覚えているような新しいしきたりを作り上げたいです。」と。ですから、それが私たちがやったことでした。それは、私たちがまったく新しい生活を始めたようでした。

　私はその犯罪の解決にとらわれてしまいました。私は、私が正しいことをしたのかどうかを知らなければなりませんでした。私は、母を「安全な」近所に引っ越させたことで、私の母の殺人に一役買ったのではないだろうか。もし私がそうしなければ彼女は未だ生きていただろうか。私は、彼女が本当に引っ越したがっていたとは思いません。しかし、彼女は、そうすれば私が喜ぶからという理由で承諾しました。私は、「私のしたことが、彼女の死の一因となったのだろうか。」という問いに答えなければなりませんでした。

　技師として私は、制御大好き人間です。私は、解決不可能なことはない、と感じる傾向があります。ですから、私が法的措置を求めて、当局が私にその対応ができなければ、それは私には承服できませんでした。私は文字通りいろいろな方法で私自身が捜査をしました。私は日がな一日座って、私が持っているちょっとした、コマ切れになった情報をつなぎ合わせたりしていました。私は、頭がどうかなってしまわないように、私に理解できる分野に私のエネルギーを集中させるのに役立つような何かを持たねばなりませんでした。それが６年間のありようでした。

　私はたちまち暗礁に乗り上げてしまいました。私は、私が問題を解決できなかったということに余りにも幻滅してしまったので、自暴自棄な考えを持ち始めました。そのとき私は私の一人の友人と話ました。彼は「おまえが諦めてしまったら、奴らの勝ちだろ。」と言いました。「クソッ、忌々しい、その通りだ！」と私は思いました。それが私が必要としていたことのすべてでした。今私は、その問題に関わり続ける新たな目的を持ちました。

　その犯罪は、最近になって、私の粘り強さと被害者支援管理者の支援のお陰

で、かなり解決しました。私は最終的には、相応しい人材が捜査に復帰し、あるべき姿で捜査が進められるように説得しました。それは私の転換点でした。私はまた自分で制御できるようになったと感じました。私の人生の重要なものが解決しました。今私は、私にいくらか安堵感や安心を与える若干の答えを得ました。

　ひとたび犯罪が解決したら、私は、「さて私は何をしようか。」と考えました。私の心は突如として明晰になります。今私は、あの夜母に起きたことを考えてはいません。今私には二つ集中することがあります。私は、公安局に、州全体をカバーする「未解決事件」特捜班を作ろうとしています。ここには最新技術が装備され、州全体をカバーする資源が供給され、未解決の犯罪を解決するために法の執行がどうしても求められる場合には、この事務所に援助を求めることができます。もう一つ集中しているのは、犯罪捜査に必要とされる資格を取得したいということです。

　以前私は、刑事司法制度は機能していると考えていました。今私にはそれが破綻しているのがわかります。それは非常に多くの変革と改正の必要があるので、誰かがそれをしなければなりません。私は喜んでそのための然るべき部分にトライしてみたいのです。

ヴィンセント・トーレス

19 | このような悲劇は臓腑をえぐるようなものだ。あなたは打ちひしがれてしまい、再起不能だ。

　それまでの私はずっとミュージシャンでした。音楽は私が生き、呼吸し、食べ、飲んだものです。ノアの死後、音楽はすっかり跡形もありません。今では音楽はもはや私の意欲を駆り立てるようなものではありません。何故状況はうまく行かないのか、どうすれば是正できるのかを探り出すための、私の知的営みがそれに取って代わりました。私の息子が死んで、それで誰か他の人にとっては世界を違ったものにするなどということがあってはなりません。

　私たちは殺害された子どもの両親として、犯罪被害補償委員会（criminal injury compensation board）によれば、犯罪の被害者とは見做されないという通知を受けたとき、私は本当に腹が立ちました。その同じ週末に、私たちは、私の息子を殺した輩が監獄から出所していたということがわかりました。犯人は私の息子の殺害で、およそ1年半刑務所で過ごしました。

　彼がノアを殺したとき、彼は20歳か21歳でした。それで私は、もし彼が刑務所で10～15年過ごすのだとしたら、それは彼を被害者にする以外の何物でもないだろうと気がつくようになっていました。彼は過失致死罪の罪状を認め、3年の禁固刑が言い渡されました。私は、もう一人の人生がみすみす浪費されるのを望まなかったので、その判決は公正だと考えました。しかし私が、彼の

判決を覆すために弁護士が雇われていたということと、彼らがそれをうまくやってのけたということを知ったとき、私の怒りと挫折感は途轍もないものでした。私たちには、量刑再審手続（sentencing review hearing）のことは知らされていませんでした。ですから意見を述べる機会はありませんでした。

　私は毎日、政治家や司法関係者と話しをして過ごしました。最終的には、私たち、殺人の被害者5家族が一緒になって、議員への働きかけをして、犯罪被害法を公正かつ正当に解釈をさせました。私たちは、政府が、殺人被害者の家族の一員は犯罪の被害者であるということを明確にするために法改正をした際に、まさに最高裁の公聴会に行くところでした。

　このような悲劇はあなたの臓腑をえぐるようなものです。あなたは打ちひしがれて再起不能です。加害者もまた打ちひしがれなければなりません。問題に真正面から向き合うことなく癒される方法はありません。そしてそのことは被害者同様、加害者にもあてはまります。

キース・ケンプ（KEITH KEMP）
私にとっての回復の過程は、大部分、司法制度の誤っているところに私が影響を与えることを通じてもたらされました。ノアの死を無駄にするわけにはいきません。彼は無駄死にするわけにはいきません。そうでなければ、この世は道理が合いません。

　私は、加害者更生の中で、「変容的仲裁」（transformational intervention）の提案書を配布しました。私たちの司法制度では加害者を人目に触れないところに置いて、彼らの行為と和解する機会、彼らの行為が及ぼした結末と和解する機会、更には、彼らが傷付けた人々と和解する機会から遠ざけ、そのような機会を、彼らに与えていません。私は、加害者が彼らが原因となった苦悩と喪失感の深さを充分に理解し、それを分かち合うならば、治安は更生制度によって達成され得ると信じています。それは、先住民文化におけるような儀式を通じてか、被害者、あるいは被害者代理人を通してかもしれません。もしあなたが、犯罪の一層の増加を求めているのでなければ、あなたは、加害者が、自分が他の人々にとって人生をいかにおぞましいものにしたのかを知るあらゆる機会を持つことを確実にするのが最も望ましいことです。

　もし、私が話題にしていることにうまく合致する言葉があるとすれば、それは償いです。それは、私が司法改革についての多くの考えの基本にしている概

念です。思い遣りも、もう一つの言葉です。それはラテン語から来ている言葉で、文字通り、意味するところは、「ともに苦しむ」です。それは、あなたが、あなたが傷つけたり、被害を与えた人と、分かち合う人間性を理解するようになることです。何とかして、思い遣りは加害者が経験しなければなりません。

　人々は、苦しむために刑務所に行くべきではありません。彼らがする必要のある苦しみとは、彼らが与えた苦しみを自分のものとして分かち合うことです。私はまた、刑務所よりもはるかにずっと悪い場所があるということを知ってもらいたいと思います。殺人の被害者の親であることは、どんな拘束的な環境の中にいることよりも、はるかにずっと悪い場所です。（ある殺害された息子さんの母親が、2～3ヶ月前に私に、「あなたは、殺害された子どもの親と、殺人者の親とではどちらの方がいいですか？」と訊ねました。それは、熟考するのに、実に重たい問いかけです！）

　私たちは、私たちが皆、一つの惑星の上にいる、ということ、そして、もし私たちがそれを破壊することを止めないと、苦しみを耐えるためには私たちが必要としている思い遣りに到達しない、ということを感じ取る必要があります。余りにも少ない手の中に集中されている、余りにも多くの権力を持っている人々によって語られている、恐ろしいほどの大量の嘘があります。そして究極的には、結果として、必要以上により多くの苦しみが続いているのです。

　私は、あなたは競争することによってよりも協力を通じてより多くのことを成就できると信じて育ちました。もしある島に二人の人がいたら、二人のうち一人は、もう一方がいなければ生き延びないでしょう。要するに、それが、その上に私たちすべてが私たちの人生の折り合いを付け合わねばならない基礎なのです。

キース・ケンプ

> 人は、苦しみを味わうために刑務所に行くべきではありません。
> 必要な苦しみとは、彼らが与えた苦しみを
> 自分のものとして分かち合うことです。

20 | 加害者の一人の嫌疑が晴れたということで私は怒りを感じています。

　私は、実の父親が誰であるのかもはっきりしないまま育ちました。しかし私の父が心臓麻痺で亡くなったとき、私たちは、彼が住んでいたノース・フィラデルフィアの家に行きました。私が家に足を踏み入れたとき、私が最初に目にした人物は、私とよく似た男でした。私の父は大物の麻薬ディーラーで、私の兄は、父の用心棒でした。私は19歳でしたが、そのときまで一度も私の兄に会ったことがありませんでした。父の死後、兄は麻薬を扱い始め、尊敬を失いました。それから5年も経たないうちに彼は、彼が誰かに借りていた10ドルがもとで殺害されました。

　私は兄とはまったく違って育てられました。ですから、私には善悪のけじめはわかっていました。ですから、私は、兄の人生のそういった部分とは関わりを持ちたくはありませんでした。しかし、兄とは親密になりました。「俺には兄貴がいるんだ！」といった感じでした。彼の悪行はありましたが、私は彼を一人の人間として見ていました。また彼は彼で、私を自慢していました。

　私は地方検事事務所で被害者支援の仕事をしています。私の兄が殺害された翌日、私が仕事に来ると、私の机の上には彼の名前が付いたファイルがありました。皮肉なことに、私は、兄の殺人の公判の通知さえ受けていませんでした。何故ならば、私が殺人課に所属しているので、誰もが私は当然知っているだろ

うと思っていたからです。

　私は被害者支援の仕事は、コミュニティへの還元の一つの方法だと考えています。私はスラム街の出身なので、私には、将来このような環境にある家族への支援を増加するプログラムを開発するのに充分な信頼性を得ていると思っています。私は、殺人の共同被害者が、私が経験したような、再犯罪被害(者)化をもうこれ以上経験することがないようにしたいと考えています。私は一緒に仕事をしている家族に、私も殺人事件の共同被害者だと話します。私はその方面の専門家ですが、感じるものはあります。

　私はスラム街にプラスになることに打ち込んでいます。私は兄の死の前にもそのように感じていましたが、兄が亡くなってからは、その気持ちは一層強くなってきています。私の心には、手っ取り早く金儲けをしようとする誘惑に負けるものか、あるいは、スラム街での生活に影響されるものかという気持ちが、これまで以上に強く刻み込まれています。

レランド・ケント（LELAND KENT）

加害者の一人の嫌疑が晴れたということで私は怒りを感じています。私は司法制度の中で仕事をしています。ですから私には、奴らがどこで時間をつぶしているかがわかるので、もし私に信念がなければ、私は自らの手で正義を実行するでしょう。しかし私は、奴らよりうまくやれないでしょう。それに、私には家族——息子が一人と妻と母——がいます。私には生きる目標があり過ぎです。

　私の経験から、私は司法制度について本当に怒りを覚えました。しかし、制度を外から変えようとしても変えられるとは思いません。私は燃え尽きてはいません。実際、私が毎日電話である母親と話しができて、彼女が危機を乗越えるのを手助けができて、また、誰か他の人を狙っていた弾丸が彼女の子どもにあたったことは彼女のせいではないということを彼女が理解するのを手助けできるとき、私は実際に再び活力を取り戻しています。私にもそうだったことがりましたから、非常に弱っているときの人々を助けることで、私は喜びを得ることができます。

　私は、兄を殺した犯人たちとは会いたくありません。彼らは決して殺害を認めていませんし、「申し訳ない」を一度も口にしませんでした。もし彼らに会ったとしても、彼らが依然として横柄な態度だったら、私はもっと頭にくるでしょう。私は、彼らが経験から学び、再犯者にならないことを祈っています。

とは言え、私は本当に加害者ともっと仕事がしたいです。私は今、ここペンシルベニアで、被害者／加害者仲裁プログラムに参加しています。向こう５年の内に、私はできれば、今尚、忘れ去られた人の世界に生きている人々にプラスの影響が与えられる方法を見つけ出したい。加害者は他人の人生に波紋を起こしますが、彼らが及ぼした被害についての取掛かりがありません。しかも彼らの人生はまた、刑事司法制度にとっても何の意味もありません。

　私が法廷に入ると、私には二組の被害者が見えます。往々にして、加害者の家族もまた被害者なのです。時には彼らは、敵意を抱いたり、復讐を欲したりもすることもあります。そして私はその中間にいて、連絡窓口として、私の仕事を勤しんでいます。報酬がどうのということではありません。帰宅できて、眠ることができて、心を落ち着かせることができるかどうかです。

　私には兄の人生を変えることはできませんが、彼の子どもたちの人生は変えられます。私は、息子の人生を変えることはできます。私は彼にとっての、そして間もなく生まれてくる二番目の子どもにとって、本当の父親になれます。それが私にとって、最も大切なことです。

レランド・ケント

> 加害者は他人の人生に波紋を起こしますが、
> 彼らが及ぼした被害についての取掛かりがありません。
> しかも彼らの人生はまた、
> 刑事司法制度にとっても何の意味もありません。

21 突然です。自分の力ではどうしようもないと知らされます。

フアン：1997年7月1日、私の息子のフアン・ジャヴィエルと、彼が訪ねていた若い女性が、二人の17歳の男たちによってカージャックされました。私は彼らを男たちと呼ぶのは難儀します——彼らは子どもたちです。フアンは彼らと掛け合ってその若い女性を解放しました。彼らは彼女を木に縛り付けて、それからフアンを連れてあたりを乗り回しました。彼らはもう一台の車に衝突し、その車に乗っていた人をカージャックしました。最後には彼らは二人とも縛り上げて、車のトランクに入れて、車を湖に沈めました。

その二人の男たちは逮捕され、自白しました。それぞれが、二つの40年の終身刑を言い渡されました。私たちはほっとしました。私たちは本当に死刑を望んではいませんでした。フアンは死刑には大変強く反対していましたし、私たちもそうでした。

フアンは学士号を取ったばかりでした。彼は政治の世界を目指していました。何故ならば、彼は「僕は人に関わる仕事をすることが好きなんだ。それに、そ

うすることが何かを変えるのには、一番良い方法だと思うんだ。」と言ってました。マーサが、「ロースクールに行かないといけないわね。」と言うと、息子は「そんなことはないさ。政治の世界には、弁護士が余りにも多くい過ぎだよ。僕たちに必要なのは歴史家だよ。」と応えていました。

マーサ：私たちはその時まで、生涯を掛けて私たちの市が、誰に対してもすぐに対応できるようにするために働いてきました。私たちはフアンが私たちの仕事を引き継ぐ一人になってくれることを願っていました。私たちが不満に感じることの一つは、そろそろのんびりできるかと思っていた矢先に、突然、気がついてみたら彼の人生の、そして彼を引き継ぐことについてある種の重荷を背負っているということがわかったことでしょう。

フアン：子どもを育てるというのは実に難しいことです。あなたには、あなたが正しいことをしているのかどうかは決してわかりません。あなたがやっと落ち着いて、寛いで、子どもたちとも対等な立場で付き合えるようになると、それはとても素敵なことなのです。私たちの間は、本当にまったく友だち同士のような関係でした。それがなくなってしまい、随分と寂しい。

マーサ：フアンとフアン・ジャヴィエルとは本当に素晴らしい関係を持っていました。二人のお互いの愛情の深さを見ると、計り知れない喜びが湧いてきました。

> **フアン＆マーサ・コテラ**（JUAN AND MARTHA COTERA）
> 私たちの文明を計る尺度は、技術ではありません。私たちの人生に対する姿勢であったり、私たちがお互いをどのように遇するのかによって計られるのです。暴力を憎悪することは確かに、私たちがどれほど文明的であるかを計る物差しになります。私たちは依然として私たちの抱える問題を暴力を用いて解決しているのですから、私たちは大して文明的ではありません。

フアン：私はこれまで常々、何でも自分の思い通りになるものと感じてました。私は家族のために問題を解決できました。私は建築家としても、いろいろと交渉事をこなして、また、いつでも私の意のままになるという感覚を持ち続けて、

人生を送って来ました。私は交渉に背を向けることもできます。私が決定できるのです。それが突然です。自分の力ではどうしようもないと知らされます。いろいろなことが起きて、それらを解決する方法がまったくないということがわかります。あなたにできることといえば、あるがままに受け容れることだけです。それはかなりの衝撃です。そこで私は、宇宙と現実というものは本当に混沌であり、それについてできることは何もない、ということを想い起こしました。

　私はそれまでに一度も感じたことのないような凄まじい怒りを持ちました。あなたにも、もしあなたが、自身がそうなることを許せば、あなたは、他のどんな人とも同じくらい乱暴になれるということがわかります。難しいのは、怒りをどこに向けたらいいのかがわからないということです。それを私に説明できるとしたら、私は本当に神に対して憤りを感じたということでした。

マーサ：私は一度、「フアン、気をつけてよ。神はそんな怒りの言葉を赦されないでしょうよ。」と言いました。彼は「問題は、私が果たして神を赦せるだろうか、だ。」と応えました。

フアン：順番を変えることは容易だったでしょうから、私は頭に来ていました。私は60歳でしたし、良い人生を過ごしてきました。「息子ではなくて、私を連れて行きなさい。」と言うのは、難しい選択ではなかったでしょうに。しかし、勿論、そんな機会はありません。

マーサ：早い頃から私はフアンに、彼が本当に感情的になったときには、彼はセラピストに診てもらうということ、必要な期間だけ、私たちは一緒にセラピストに診てもらおうと、約束させていました。

フアン：勿論私は、そんな必要はないと確信していました。私が、行きたくなかったということではなく、私の知っているどの精神科医も精神分析医も、完全にいかれていました。私は、「よく聞けよ、私は精神状態が安定している人、自分自身の問題はなんとかしてきた人が必要なんだ。」って言ってやりました。そこでマーサは、大変素晴らしい人物を探してきました。険悪なムードではなかったですし、私は充分に話すことができましたし、マーサとも話ができました。今にして思えば、それが私には大変良かったんだと思います。

マーサ：フアンは、すべての審理を最後まで聴きましました。どうも私には、いつになったら審理が起こるのかがわかるようには決して思えませんでした。私は本当に腹を立てました。私は保護される必要はありませんでした。彼が私に話そうとしないのは、性差別的だと感じました。カウンセラーは、フアンがそうしているのは、嫌がらせではなく、私を守ろうとしているのだと言ってくれたので私はわかりました。それで心は落ち着きました。私は、「だから、フアンのことに憤慨するのではなく、彼を愛せます。」と言いました。セラピーは、それほど絶対的に必要です！

フアン：私は、裁判の判決段階を、終結としては見ませんでした。理解はしたいのにできないという、もの凄い感覚になります。私の中にある何かが、あの二人の若者に語りたがっています。私には未だできるとは思いませんが、最終的にはそうしたいです。私は、彼らには何故彼らがしでかしたことをやってしまったのかがわかっていない、と確信しています。もし私が、彼らがしたことについて、彼らの側に何らかの理解が、責任の受容が、そして、彼らがしたことの償いに向けて、彼らの人生で何かをしたいという願いが、私に見て取れるならば、私は、終結を感じるでしょう。

　禁固刑80年といえば、彼らは獄中で死ぬでしょうから、私は、それに同意するかどうかよくわかりません。そのことは間違いなく私には何のプラスもないでしょうし、フアンにとっても何のためにもならないでしょう。いかなる手段にせよ、私は、彼らを市中に連れ戻す用意はできていませんでした。しかし私は、彼らが彼らのしたことを——彼らがしたこと、彼らが人類に対して行ったことの道義的意味を——理解するまでは彼らを施設に収容する方法があって欲しいと願っています。それが、単にこれらの二人の若者のためということではなく、社会に反する行いをする誰に対してでも、あって欲しいと私が考える類の施設のようなものです。

　審理でのこれらの若者を見たら、彼らは哀れなものでした。彼らは彼らが映画で見たことを——彼らの銃の持ち方、どこか威張った態度——実行に移しただけだと、私は信じています。彼らの手に銃を持つことを許した何かがあり、彼らを弱いと感じさせる何かがあったという理由で、どうしてあなたはこれらの若者に怒りを感じることができるでしょうか。私は、彼らが罰せられるべきではない、と言っているのではありません。私には、罰せられる、というのが正しい言葉かどうかもわかりませんが。

私たちは、自らの問題を殺人によって解決する国家を持っています。私たちは、他にどうしたらいいのかがわかりません。そうなのです。殺人以外にも多くの解決方法はあるのです。しかし、誰にとっても最大の模範となるべき国家が私たちに、ある種の問題を解決する方法は人を殺すことだと言っています。もし社会がやってもよいことならば、どうして私はそれをしてはいけないのでしょうか。私は、そこのところが、基本的に暴力を唆しているものの一つだと考えないわけにはいきません。

マーサ：私は司法制度に対して大変な怒りを感じています。そこが真の悪が存在するところです。真の悪とは、人間の本当の必要に対して、陳腐な考え方で応える政治家——私たちの金を人類の恐ろしい問題を解決すること以外の使い途に転用する人々——です。人々の必要性に対する無視は、暴力が持つもう一つの側面です。

フアン：私はある日、フアンの死にはどれだけの対価、全部でどれだけの対価が必要とされたのかを計画してみました。その際、以下の事実を織り込まないといけません。即ち、フアンが生きていれば社会のために役に立つことをしているでしょうが、その彼がいません。もう一人の若者が亡くなりました。私たちは二人の人間を投獄しています。マーサと私は、専門家としての生産性を落としています。私たちの友人たちもまたこのような損失を経験しています。もしあなたがこれらをすべて考慮に入れたら、それは、どれほどまでコストがかかり過ぎになるのでしょうか。私たちがし続けていることは、正気の沙汰ではありません。

マーサ：非常に恐ろしいのは、とりわけ、少数民族の若者に関して非常に恐ろしいのは、現代社会での命の価値の下落だと私は考えています。あなたは彼らの命の価値を下げておいて、それで、彼らが他の人々の命に敬意を払うことを期待することはできません。

　その若者たちはアフリカ系アメリカ人でした。そしてそのことが私にとっては事態を複雑にしています。しかし、非常に無理からぬことです。私たちは私たちの社会の、黒人に対する制度化された人種差別を事実として認めることを忘れています。法外な暴力は奴隷制時代に始められました。私は、私たちが、ただ少年たち自身によって被害者にされたのではなくて、私たち自身の社会に

よって被害者にされたのだということに憤りを覚えています。私たちが失ったものというのは、その暴力的な制度の後遺症の直接的な結果でした。ですから、私の怒りは、問題の核心部分に向けられています。

フアン：人々は私に、何故私たちは少数民族を幾らか違った扱いにしなければいけないのか、と訊ねます。彼らは、「あなた自身をご覧なさい。あなたは上手くやったが、あなたは少数民族でしょ。」と言います。私は、私には選択の余地があるということを知りませんでした。私の家では、高校が終われば、大学にいくことになっていました。選択の余地はありませんでした。設定された障害は何もありませんでした。私を止めるものは何もありませんでした。ほとんどの少数民族の若者たちには、家族の中に大学に行く伝統はありません。それはまったく彼らが考慮する対象ではありません。

マーサ：私たちの市は革新的な市だということになってはいますが、少数民族の若者たちは、彼らが、稼げて、学校に通えるようになる種類の仕事にはつきません。

フアン：最近、暴力の原因についてのワークショップがありました。私たちには暴力の原因はわかっているということが、私には驚きでした。私たちは何が解決策なのかもわかっているのです。しかし、それらを実行に移す政治的な意志がないのです。

マーサ：葬式で、「記念基金を始めたいと思います。」と言う人がいました。私たちがそのことを知る前に、私たちには４万ドルありました。今では私たちは犯罪防止のための基金を設立しています。
　フアンは直ぐにでも私たちがその基金に関わることを望みましたが、私には心の準備ができていませんでした。私は私たちが何かをする前には、私たちの気持ちをしっかりと確かめておきたかったのです。私はそれを、私たちを癒す手助けになるようなものにはしたくありませんでした。もしそれが、主として私たちの癒しの過程の一部であるとしたら、それでは、私たちが癒されたら、どうなるのでしょうか。私たちはすべてをやめてしまうのですか。私はそれが、フアン・ジャヴイエルが望んでいた目的を達成するようなもの、若者たちに、何かへの手段として暴力を決して考えないように教えるようなものになって欲

しいのです。それから２年とちょっとが経ちました。そして今、私は、私たちにはこの春、何かをする用意ができたと考えています。

フアン：このようなことがあって後に残る唯一のものは、様々な関係と友情です。あなたはこれらにもっと価値を認めるようになり、そのことが人生をより良くします。私は、人々と人間性に非常に多くの関心を持っています。人間は、どれだけでも不道徳にも、卑劣にもなれますが、また、その行いにおいて、崇高にもなれるのです。市は私たちにとってまさにより近い存在になりました。彼らの反応は大変好ましいもので、私はそのことに感謝しています。

フアン＆マーサ・コテラ

マーサ：私たちが飼っている犬（granddog）のソフィーも被害者でした。ソフィーは、未だ小さい子犬のときから息子に育てられました。ですから彼女は彼に、それは、それは大層ついていましたし、彼の死後は大変塞ぎ込んでいました。

　葬儀の日、私たちは息子フアンが使っていた部屋にいました。塞いでぼんやりしているだけでしたが、ソフィーも一緒でした。すると突然彼女は、かつてよくそうしていたように跳び上がり始めました。私の息子はよく、ベーコンの切れ端を上のほうに持ち上げて、ソフィーを実に高くまで跳び上がらせていました。彼女はそれを何回か繰り返していました。まったく独りで。それで私たちは、ただただ余りにも呆気に取られて何も言えませんでした。それからもう数回か跳ね回ると彼女は座り、とてもしっかりとした眼差しで窓の方を見つめました。

　それから1年半後、私の娘の結婚式を前にした朝、私は台所にいました。すると私は、何かが私を見つめている気配を感じました。私が振り向くと、床の上に、私を見つめている小さな鳥がいました。ソフィーは戸口のところにいて、その鳥を見ていました。そして、彼女にしてはとても妙なことなのですが、決してその鳥に向かって動こうとはしませんでした。

　私は娘に言いました。「こっちにいらっしゃい。ここのところに鳥がいるの。私にはこれがどうやってここに入ったのかわからない。」と。私たちは、ドアを開けたままにはしていませんでした。その小さな小鳥さんは、外に飛んで行こうとはしませんでした。ただひたすらピョンピョンと、ずっとフアンの部屋まで跳びはねて行きました。その鳥はそこで動きを止めて、床の上で私たちのことをじっと見つめていました。ソフィーはまったくピリピリしたところがなく、その鳥はソフィーを怖がる風もありませんでした。その鳥はほとんどソフィーの鼻先まで近づいてきました。

　それでそれから私たちはその小鳥さんを、フアンの寝室まで行かせてあげました。ベッドの上には彫像がありましたが、その鳥はその頭の天辺にチョコンととまりました。なんとも奇妙な感じでした。マリアと私は、その鳥に話し始めました。「さてと、あなたは外に出たいですか。あなたはどうしたいですか。」ソフィーはその鳥に向かって動こうとはしませんでした。彼女はただそこで、床の真ん中で起き上っていました。

それから私たちは窓を開けました。私はおもちゃ箱の上に枕を置きました。するとその小鳥さんは枕の上に身を移すとそこに今までで一番長い間とまっていました。そして私を見、あたりを見回しました。そこで私は、「私はほんの少しだけ、たった一度でいいけれども、あなたを撫でてもいいかしら。」と言いました。そして私はその小さな羽根を撫でました。するとそれはさっと外へ飛んで行きました。それって不思議でないですか。私は、「人は私が気が狂ったと思うでしょうから、このことについては何も言わないつもりです。」と言いました。しかし、それは信じられないほど素晴らしいことでした。

フアン：マーサと娘は、私が懐疑家なので、気分を悪くしました。私はこういったことには眉唾なのです。

フアン&マーサ・コテラ

「私たちは落ちて行きながら、
何でもいいからしがみつきました。
そんな中の一つが、赦しでした。」

22 | 憤激──それは、その上にタップリとチリソースを流し込んだ憎悪だ。

　私が若く、大学生だったとき、私は死刑反対のデモに参加しました。今私は、私の故郷のテキサスが死刑者数では全米一になっていることを誇りに思っています。

　ある個人的なことが起きて、私の気持ちはまったく変わりました。私の76歳の母が、1976年7月18日、教会に出掛ける用意をしていたときに、殺害されました。ロニー・ウェインが母を数時間にわたって酷く苦しませた挙句の果て、彼のカウボーイ・ブーツで踏みつけて、この敬虔な老婆にとどめを刺しました。

　彼女の殺害の影響はまったくもって計り知れないものでした。殺害があってから、私がそのことについて考えない日は1日としてありません。憤激──それは、その上にタップリとチリソースを流し込んだ憎悪です。

　私は自分のことを、善良で年老いたチャーリー・ニップだなどとは考えていません。私にも、あん畜生のロニー・ウェインと同じだけの深さの悪はある、と心得ています。誰にでも、その本人が解き放つことができる悪魔を一匹、檻に飼っているのです。しかし私は、私の悪魔を解き放ってはいません。あなたがどうするのかは、あなた自身が決めることです。そしてこのような訳で、私は、自分自身に対する責任という意味合いで、より保守的になりました。

私は、仮出所法を改正するための運動をしてきました。そして、私は、この男を性犯罪者として登録させることができました。そして今私は銃マニアです。私には、それが私の母の死と何らかの関係があるのかどうかはわかりませんが、私の関心はそれ以降、はるかにより顕著になってきています。

　私は献身的なカトリック教徒ですが、神は私に、私は赦さなければならない、と言います。私は、赦すと、頭では決めているのですが、気持ちがついて来ているようには思えません。私の司祭は、「あなたが決心したという事実は、神に関する限りにおいては、あなたは彼を赦した、ということを意味します。そのことからあなたが得るどんな感情も、神から来るものでなければなりません。」と言います。神は未だ、私にはその多くを与えてはくれていないようです。

　その、赦すという選択は、日々のことです。私は、毎日赦さなければなりません。さもなければ、私は冷静でいられなくなります。私にとって、かつてそうであったように、また彼を大いに憎むことは実際、容易でしょう。でもそうすると、今よりもはるかにずっとひどいことになります。本当です。しかしながら、私が、ロニー・ウェイン・ローレンスに対して、仮にも熱き愛のほとばしりを感じるとは思いません！

チャールズ・E・ニップ（CHARLES E. NIPP）
私はこのことがあったから、自分自身のことがよくわかります。それは、玉葱のように私を剥いていきます。しかし、もしあなたが玉葱を剥き続けていると、何にも残りません。未だそこまではいっていません——私は未だ剥いているところです。

　私たちの人生における義務は、完成した、という意味において完璧になることです。私には何が完璧なのかはわかりませんが、未だそれに到達はしていません。有難いことに私たちカトリック教徒には、煉獄（訳者注：カトリック教で死者が天国に入る前に、その霊が火によって罪を浄化されると信じられた場所。天国と地獄の間）があるので、天国か地獄かを選ぶ必要がありません！私が真っ直ぐに天国に行く見込みはないので、私は煉獄を目指しています。

　私は教会がとても役に立つと感じていますし、私は聖書を読みます。私は今でも、よく神に対して頭にきますが、神はそれを甘んじて受止めてくれます。天国に着いたら神に訊ねる、本当にたくさんの質問があります。それと、私にできるたくさんの提案も持っています！

もし私が神であったならば、違ったようにするだろうことがたくさんあります。私は皆に一斉に攻撃をし掛けて、まさに善良な人々だけを残すでしょう。もし私が最初から担当していたのであったならば、私はどんどん進んで、人類を極めて速やかに駆逐していただろうと思います。人類は大きな間違いでした！

　しかし私は今でも学んでいます。最終的には私は、テキサス矯正局が実施する、監督下での面会の一つである、ロニー・ウェイン・ローレンスとの面会を持つことになるでしょう。私は単に彼と話がしたいだけです。私はただ彼の話を聞きたい、どうなるのか見てみたいだけです。彼はくだらんことを言って、すべてをもみ消すだろうと思います。多分彼はそうしないかもしれません――彼は既に自白しています――しかし、私はただ、彼が何を言うか見てみたい。私は大きな希望は持っていません。

チャールズ・E・ニップ

　　その、赦すという選択は、日々のことです。
　　私は、毎日赦さなければなりません。
　　さもなければ、私は冷静でいられなくなります。

23 | 私には、私の怒り、恐怖を鎮めることはできなかった。

　1985年のある日、私の前妻の夫が彼女のアパートに悠々と歩いていき、3人——私の前妻と私の幼い息子と娘を人質にした。地元の警察 Royal Canadian Mounted Police（RCMP：カナダ王立騎馬警官）の派遣隊が建物を包囲しました。しかし、彼らは男と電話で交渉をしましたが、役に立ちませんでした。彼は彼女たちを殺してしまいました——彼女たち三人全員を射殺し、台所のテーブルに銃を置き、警察に投降しました。

　それらの殺人の後の2年間、私は暗中模索でした。私はセラピストのところに行きました。宗教的な体験もしてみました。私たちはその問題を避けていましたので、そうすることで一時的にはいくらか落ち着くことができたと思います。しかし私は、何故あいつがあんなことをしたのかをつきとめ、わからなければならなりませんでした。ある日私は、彼の母親に電話をしました。すると彼女は、「私の倅があなたに手紙を書いてもいいでしょうか。」と言いました。「いいですよ。」と私は応えました。2週間後、彼から手紙を受け取りました。

私たちの間には、仲裁役とか管理者といったような人は誰もいませんでした。私たちは文通をただ何となく始めてみました。私はたくさんの質問をしました。そして私たちは意思の疎通ができました。それに彼の謝罪も効果がありました。それは癒しの行路という感じでした。私のすべての恐怖が取り去られたように思えました。私はこの男との間に良好な関係を築いていました。私は私の怒りを何とか鎮めることができました。安らぎがありました。

　しかし情報が増えて、私が彼のことをより良く知るようになるにつれて、私は、未だ終わってはいない、ということがわかりました。私には、私の怒り、恐怖を鎮めることはできませんでした。それほど生易しいものではありませんでした。

　私たちが文通を始めてから2年間、私は彼を訪ねました。かなりうまくいっていました。しかしある面会の後で私は、殺人犯のインタビューをまとめた本を見つけました。そしてそのインタビューの中の一つが彼とのものでした。彼はインタビュアーに、彼が私の娘に性的虐待をしていたということを認めていました。それと私は、彼が私の前妻を殴っていたということもわかりしました。

　私がその本を持っているということに気づいた後に、彼は、彼女の死の4年前に起こった私の娘との性的な事件について完全な告白を申し出ました。そのことは、恐らく彼はそれまで正直ではなかったということを、はっきりとさせました。彼は、私がその情報を公表しないように私をねじ伏せて説得しました。今彼は、これらすべてを否認しています。ですから、話はまたまったく変わってしまいました。

ジェームス・コステルニューク（JAMES KOSTELNIUK）
殺人があったすぐ後に、私は海岸沿いを散歩していました。世界が釣り合いを失って揺れて、傾いていました。そして私は、心理的にか、精神的にか同じではないとわかりました。その日から、世界は、私が知っていた世界とはまったく異なっています。私は私の限界を超えてしまい、今まで私が一度も踏み入れたことのないところに出てしまっています。しかし私は未だ希望に満ちています。私は負けていません。

　私は、彼の目論見が何であるかを感づきました。それは、刑務所から出ること、こういった記録を消し去ること、そして、新しい彼を再生することでした。そこで私は、私がその情報を手にしているというだけの理由で、本来は私の負担ではない余分な負担を背負ってしまいました。私はそれについて何とかしな

くてはいけません——それを隠蔽するのか、それとも公表するのか。それは私にとって重荷です。私が彼の余罪や隠蔽工作についてわかったときまでには、私は、本の原稿に関してかなりの作業を済ませていました。そこで私は、この情報をどうすべきかを決定しなければいけないという問題を抱えました。そして、私の執筆は止まってしまい、本は棚上げとなりました。私は私が知ったことを消去しよう、無視しようとしてみました。私はそれらすべてから逃げ出したいと思いました。しかし、4年経ってみて、私には書くことを止めるわけにはいかない、とわかりました。それはほとんど運命のようなものです。私に残された選択肢は、私が見たままに、真実を明らかにすることです*。

　私にはこの男を回避するわけにはいきません。彼は私の人生において、中心的な役割を演じ続けています。それに対する私の処し方は、私なりの話をすることです。その本は、物事を整理する一つの方法であり、物事を大局的に見る一つの方法です。私はこれまでにこれほど難しいことに取り組んだことは一度もありません。それにはある程度、深い満足感がありますが、また同時に、何か大変遣り甲斐のあることです。それが非常に際どいからだと思います。それは私の血についてであり、私の感情についてです。しかし何かについて書くということは、理解の一手段です。それは意味づけに関するものです。ある意味で私は、死者を取り戻そうとしています。今私は本を書き終えたので、私にはある種の達成感があります。それは、私の歴史であり、私の物語です。

　私には、この私の心の旅路の中で、私が正確にはどこにいるのかがわかりません。しかし、私の限界を超えていることはわかります。そのことで私が罰せられるのかどうかは私にはわかりません。「神に逆らう」、「余りにも多くを引き受ける」にあたるギリシャ語は何でしょうか？ Hubris（思い上がり）それと、「大胆に罪を犯せ」と言ったのは誰だったでしょうか。私はこれまで常に、保守的な人間で、安全第一でやって来ました。しかしこの殺人事件と、事件以降私がしてきたすべての選択は、私を甘んじて安全ではないことをするように仕向けてきました。何故ならば、そうしなければならないと私が思うからです。そのお陰で私は、一種の道徳的勇気を感じています。

　私が関わっているのは、道徳劇です。あなたは、この輩を赦すのですか、あるいは、殺すのですか？　彼は自分を守るためにあなたを殺すでしょうか。次いで、赦しの問題が出てきます。ある時点で、私が思うに、あなたはどういう行動を取るかを決めなければなりません。

　赦すということ。それが、あなたが最初にしなければいけないとされている

ことです。教会の人たちは私にそれを言いました。私には彼らが何を意味していたのかはわかりませんでした。私は赦すべきで、それを克服しなければならないということは私の気に障りました。それで、赦すことは起こりませんでした。私は赦すことを試してみました。私は本当に赦そうと、非常に懸命にやってみました。それで暫くの間はうまく行きました。お陰で私の気分は良くなりました。

　私は殺人犯と取引をしようとしました——彼は彼の銃を置き、私は私の銃（象徴的な意味ですが）置くということ、そして私たちは和解して生き続けるという内容の取引。しかし、そのときはそれでうまく行くかと思われたのですが、実際には実現しませんでした。

　今私は、あなたには赦せないことがいくつかあると信じています。神はそれらを赦せるのかどうか、私にはわかりません。それに、赦すことは、兎に角、無意味です。何故ならば、その権利、あるいは能力を持っている唯一の人は死んでしまっているのですから。私たちは、私たちに赦す権限があるということを前提にしています。しかし、家族が殺されたというような状況の下では、あなたには本当はその権限はありません。サバイバーにその権限はありません。私にはその権限がありません。

　被害者が赦しについて話すとき、私には、彼らが近道をして、そのことは後まわしにできたら良いのにと願っているように思えます。それは丁度、「よし、わかった。あんたは私に100ドルの借りだね。それでもあんたは私に払えないのね。いいでしょ。チャラにしましょう。」と言っているようです。それであなたは、あなたが好きでもないこの輩のもとから、兎に角、遠ざかることだけはできます。私は赦しに加わってもみましたし、赦そうともしてみましたが、私は、この概念全体の中身が思っていたより空っぽだと考えています。彼にとって何のプラスにもならなかったようでした。私にも何の良いこともありませんでした。

　私は、私の赦しを彼に、以下のように説明しました。私たちの交渉、彼が赦しを求めたこと、そして私が彼を赦すに先立って、私たちの間には1本のロープがあって、私たちは綱引きをしていました。全人生を綱引きで競うというのはあまり健全ではありません。私は赦したかった。そして、彼は彼の道を進み、私は私の道を進めるように、ロープから手を放したかった。彼は彼の心の旅路を彷徨い歩きました。しかし、どういうことだかわかりますか？　ロープは未だそこにあります。未だ綱引きをやっているのです。私たちはその隠喩から自

由にはなっていません。

　私が最初にこの心の旅路に就いたときには、私は、他の人々の手助けがしたいと思いました。私の妻のマージと私とで、被害者のグループを立ち上げました。しかし、実際に最も手助けを必要としていたのは、この私でした。私にわかった肝腎なことは、私にはここのところ、私の心臓の近くに、癒えることのない、このように大きな傷があるということです。そして、風がそこを吹き抜けています。

　それはそんな風にして始まったので、心の旅路でした。小さな子どもだった頃、私は神を信じていました。私は神を太陽の中に、星の中に、そして野火の中に見ていました。それから、私が13歳になった頃、私の両親がエホヴァの証人の信徒になり、私は彼らに同行しました。私にとって、エホヴァの証人の経験は、結局のところマイナスでした。私は質問をしましたが、決して答えをもらうことはなかったので、私は離れました。そしてその代償を払いました。私は、除名され、家族を失いました。しかしそれでも私は、ある種の神の存在感を感じていました。

　そこで起こったのが殺人事件で、私は、神を疑問に感じ始めました。彼は、無能の、錫でできた兵隊の神のように思えました。あなたが神と取り交わす古い取引は成立しません。「私はこんなに善きクリスチャンになります、教会に行きます。私はあなたのために伝道します。ですから、あなたは私にこんなに素敵な人生をくれるでしょう。」そんな具合には行きません。あなたは神と取引をすることはできないのです。

　私の神の概念は完全に変わりました。私は彼のことを、私が話しかけられる人としては見ません。存在はあります。私はその存在を感じます。しかし、そのことを除いて、私は本当に何もわかりません。私は精神的には無知です。その方がより人間的に感じます。そうすれば、あなたは謙虚な気持ちになります。あなたはこの存在と取引はできません。神をねじ伏せることはできません。あなたが欲するものを得ることはできません。あなたはそのことを受け容れなければなりません。

　人生の意味ですか？　私が考えていたほどには、思い通りにはならないということ、そして、制御の大半は宇宙の手の中にあって、私を超えたところにある、ということがわかりました。それはわかってよかったことです。それはとても役に立ちますが、だからといって、私たちが知りたいことではありません。そして私たちは、勘違いをして、私たちはもっと思い通りにできると考えてし

まいます。多分この教訓は、齢を重ねることの一部でもあるのでしょう。

ジェームス・コステルニューク

＊ジムの著書、「羊の中の狼：エホヴァの証人のコミュニティで起きた殺人事件の本当の話」（Wolves Among Sheep: The True Story of Murder in Jehovah's Witness Community）は 2000 年、カナダの HarperCollins によって出版されました。

私は丁度、ヘミングウェイの小説「老人と海」を読み終えたところです。あなたも覚えているでしょう——あるキューバ人の漁師が出てきます。彼は老人です。彼は83日間ツキに見放されていました。彼は一匹も釣れないのですから、誰も彼と関わりを持ちたくありません。そこで彼はある日、小さな小舟で一人、漁に出掛けます。彼は、大抵の漁師は行かないところまで行き、夜になります。そして獲物が針にかかります。それはとても大きいです。それ程大きい魚を釣り上げるために踏ん張れる人はいないでしょう。それでも彼は頑張り通します。3日間、この魚は彼を外海に引き摺り回します。彼は最後にはその魚を疲れ切らせ、仕留めます。

　彼はその魚を彼の小舟に結び付けます——魚の方が舟より大きいのです——そしてハヴァナへと戻ります。鮫たちがその魚に襲い掛かり始めます。そして鮫たちが魚の旨い部分を半分食べてしまいます。その時点で彼は神と取引をしています。彼は神に「私は最低でも100回はアヴェマリアを唱えます。教会に行きます。何でもします。この魚の残りの半分だけは私に残しておいて下さい。でなければ、私のしたことの意味がありません。全部無駄になります。」

　それから彼は罪について考え始めます。彼は彼の限界を超えてしまったので、行ってはいけないところに行ってしまったので、多分彼は罪を犯したのだ。彼には、鮫たちが戻って来て、残骸だけしか残らないだろうということはわかります。そこで彼は、彼が幸運を逸したのだという結論を出します。彼は彼の限界を超えることで、幸運に背いたのでした。

　私は、私が私の限界を超えた、遥かに超えたと感じています。そして私にはそれがどういう意味なのかわかりません。私が罪を犯したのかどうかもわかりません。私は、罪が何なのかがわかるほど賢くはありません。私は実際、本当にまさにその漁師のように感じています——私は、今回の事件に従い、限界を遥かに超えてしまい、鳥と魚と水以外には何もない海にまで行ってしまった、ということ。そして今私は、残骸を持って、常態に戻ろうとしています。

　その本の終わりについて唯一良いところは、その老人が負けなかったので、最終的には間違っていなかったと確認されることです。ある意味では彼は敗れましたが、別の意味では敗れてはいません。彼は、彼の仲間の漁

師たちが、少なくとも彼が持ち帰った残骸を見ることはできたので、彼らから尊敬を受けます。彼はそうするための——その魚を捕らえ、持ち帰り、鮫たちと戦うための——勇気を持っていました。そして彼は未だ生きているので、彼は完全に負けたわけではありません。私は未だ戻ってきていません。私は未だ鮫たちと闘っているところです。

ジェームス・コステルニューク

私はこれまで常に、保守的な人間で、
安全第一でやって来ました。
しかしこの殺人事件と、事件以降私がしてきたすべての選択は、
私を甘んじて安全ではないことをするように仕向けてきました。
何故ならば、そうしなければならないと私が思うからです。
そのお陰で私は、一種の道徳的勇気を感じています。

24 | 私たちは、判事と制度を赦すのには苦労しています。

　私たちの息子は刑務所内で、別の受刑者によって殺害されました。それがことの始まりでもなければ、話の終わりでもありません。

　ジェラルドは、無実の罪のために刑務所で惨めに暮らして、彼の人生の最後の5年間を過ごしました。私たちは家族としてあくまでも彼を支え、最終的には彼の有罪判決は覆されました。私たちの希望は上向いていましたし、彼は家に帰ってくる予定でした。検察官には抗告の機会もありましたが、彼は保釈が許可されました。しかし私たちには、彼を出所させる時間的な余裕がありませんでした。そのとき彼は殺害されたのです。私たちは家族として、私たちにこういうことをするような司法制度に対する非常に大きな怒りと闘ってきました。私は今でも司法制度には怒りを覚えています。私がそうでないように取り繕うことはできません。

　先ず第一に、私たちは、ジェラルドが有罪判決を受けるとは決して予期していませんでした。ですから私たちは、認識が甘かったという罪悪感にさいなまれます。証拠はまさしくほとんど説得力がありませんでした。目撃者はたったの一人しかいませんでした。今思い返せば、彼女は証言を渋っていた16歳で、彼女としては話したくない話を法廷でしていたということが私たちにはわかります。堪りかねて彼女は、自ら進んで嘘をついていたと言い、その訳を私たち

に話しました。

　私たちは、証言した少女を赦すことができる立場にいます。しかし、私たちにとって、司法制度とその中にいる何人かの人たちを赦すことは、より難しいです。怯えた若い少女のピントはずれの証言をもとに、私たちの息子を刑務所に送りやった判事がいました。その判事は今では州検察官です。ジェラルドの訴訟が審理されたとき、彼女は州検察官選挙に立候補していましたので、私たちの息子は政治的被害者でした。彼は、彼女の別の官職への道にあって、踏みつけるべき人間、如何に彼女が情け容赦がないかを周知させるための人間でした。それに検察官は、彼が私たちを泣かせたいと思うときにはどうすればそうできるのかを知っていました。判事と検察官には私たちのことなど、どうでもよかったのでした。彼らはただ裁判に勝ちたかっただけでした。

　あなたは、あなたの思うようにはまったくならない状況に陥っています。たとえ誰かがあなたに質問をしているとしても、それは彼らが、あなたの答えが彼らが欲する答えと一致していることを望んでいるからそうしているだけです。検察官は、あなたがうまく証言できるように、あなたを気が立って、憤った状態にしておくようにしています。彼らは、癒しが始まることを願っていません。何故ならば、あなたが法廷にくるときには、あなたは未だ怒って、悲嘆に暮れていないといけないのです。

コンラッド・モア（CONRAD MOORE）
私たちは、ジェラルドを殺害した男と話をしました。そして、彼に赦しを、直接、顔をまともに見て、与える機会を持ちました。私たちは、ただ一人の目撃者だった、怯えた若い少女を赦しています。彼女は自ら進んで、嘘をついていたと証言しました。しかし私たちは、判事と司法制度を赦すのには苦労しています。

　司法制度の中に身を置く人はこれまで一人として、すみませんでした、と言っていません。実際のところ、司法制度を代表する人々は、まさしく非常に冷淡です。それは、途方もないほどの冷淡さです。ジェラルドが殺害された後に私たちが彼の遺品を受け取りに行った際、刑務所長は、彼の事務所から一度も出て来ませんでした。そういうわけで、一方では私たちはこのような途方もないような無神経さを経験し、他方で彼らは、この輩に有罪宣告するために私たちを利用しています。

私の息子が、アフリカ系アメリカ人男性だったということで、私たちにとって事態は幾分より難しくなりました。私自身、私の息子が置かれていた立場とずっと同じです。私は10代のとき、私が犯していない罪で、逮捕され、裁判を受け、有罪宣告をされたことがあります。あなたは未だはっきりとは予期できないでしょうが、有色人種であれば、こういうことはあなたにも起こり得るということはあなたにわかります。あなたは警察によって苦しめられることは充分に覚悟しています。あなたが小さな少年の頃は、あなたは、ヨーロッパ系アメリカ人から見てさえも、可愛い小さな黒人の少年です。しかしそれからあなたの顔ひげが幾らか生え始める後では、突如として、その可愛らしさは身を潜めます。それは標的によって取って代わられます。標的をぶら下げているようなものです。警察は彼らがあなたを捕まえるまでは、この標的目がけて撃ち続けています。それは早くから始まります。警察はあなたをひっ捕まえ、名前の聞き取りを始めます。そしてあなたは決して何もしていません。

　私の悲しみを処理する一つの方法は、いつも忙しくしていて、たとえそうすることがジェラルドの利益にならないとしても、悲しみについて、何かをすることです。そういう訳で私は、人種差別自覚促進の活動に参加しています。人種差別が今回のことにとても大きな役割を果たしていたからです。

　私は、自分の人生を元通りにしようと務めているからだけではなく、私が私を超えて、あるいは家族の枠を超えて学んだことを広めようとしているので、非常に大きな満足感を持っています。私は、私がしていることで司法制度が一夜にして変わると考えるほど認識が甘くならないように努めています。しかし私はささやかではありますが、勝利を収めています。そしてまさに、ある小さな谷間のところに、以前はなかった人種差別への自覚を呼び覚ましています。それについては私はとても気分が良いです。

　私の妻のテレサと私とでは、私たちの悲しみへの取り組み方が違っています。一番大切なのは、私たちが、起こっていることについて話し合えるということです。あなたが物事を上手く処理していないときには、誰かがあなたを引っ張りあげてそのことをあなたに言う必要があります。私たちは、家族としてそれをお互いにし合うことができます。いつでも簡単にできるというわけではありません。

　ジェラルドの殺人事件は家族にとって本当に転換点でした。事件があって、私たちは、否が応でも、そのことについて話すことに本当に慎重になりました。例えばテレサなどは、ある時期になると、この狂った事柄を経験し始めます。

3月～7月にかけて、そしてジェラルドの誕生月の頃──それは暗い期間です。そこで私たちは、私たちが直面していることに名前を付け、取り組むことに対して、本当に慎重です──「私たちは今この期間にいます。ここは事件が起き得る場所です。この問題を解決するために私たちは何をしましょうか。」

このような経験をする家族の離婚率は桁外れに高くなっています。私は、そんなことが私たちには起こらないように心に決めています。私はそんな統計値に加えられないようにしよう、と。司法制度は既に私たちの家族に余りにも多大な影響を及ぼしています。ですから、私は、このまま司法制度を強化するようなことはしたくありません。私は、私の家族が引き続きこんな下らないことを切り抜けることができたことを大変嬉しく感じています。私たちの家族や関係の基盤を本当に揺るがしかねないようなときもありましたが、私たちはともに本当に決意が固かったです。それが、怒りが尽きるもう一つの方法です──私たちは、その統計数値の一部になることは拒否します。

私はクリスチャンになってから、日記をつけるようになりました。書くこと自体が目的で、ただ書いているだけです。ただ詳細に書いているだけです。私には本当にそうすること、ただ吐き出すことが必要なのです。外に出すことによって、あなたの気持ちはすっきりします。外に出さないことは、便秘をしているようなものです。

それに私は、感情表現がより豊かにもなりました。お陰で、私の中で何が起きているのかをつきとめるのに役立っています。私は傷ついた？ 私は恐れているのか？ 私は信じられないほど傷ついていましたが、それが怒りとなって外に出ました。それに私は、私の家族を慰めることができずに、無力感を感じました。この悲しみはこの家族がこれまで経験した最大のものだというのに、コンラッド、おまえはそれを解決できない。ジェラルドが殺害された夜、テレサが嘆き悲しんでいるのを聞きながら、私はそのことがわかりました。私は今までにあのような嘆き悲しみを聞いたことがありません。それは誰かがナイフを持っているようでした。精神的苦痛がどれほど深かったのかを表現する他の方法を知りません。あなたはどうしますか？ あなたは何といいますか？ 何にも言えることはありません。あなたはただそこにいるしかない。どんな家族もこれを経験しなければならない、ということがあってはなりません。

全体の過程の中で、赦すことが、私たちが抑制を実践する唯一の機会でした。あなたが赦すときには、あなたには実際、幾らか力がつきます。それは精神的な安堵の印のようです。

神はわたしたちに赦せと命じます。しかし私たちが赦すことについて語り始めると、それは、私たちがその輩を自由の身にしてあげたいからというよりも、主として私たち自身のためでした。私たちは消耗したくありませんでした。そして敵意はとても消耗させます。そこで私たちはこの憎しみと敵意を超えた心の旅路に出ているのです。

　クリスチャンとして、私たちは、人々が神の赦しを求めれば、彼らは赦しを得るだろうと信じています。ですから、神はその人を赦したわけですから、実際には天国であなたと並んで立っていることもありうるだろうその人のことを怒っていては、あなたの年月を無駄にしてしまいます。

　赦すということは意志の行為です。あなたは赦すという決定を下します。そしてそれから感情は後になって出て来ます。赦すということはいつでも簡単にできるというわけではありません。そしてそれはあなたが何度も何度も繰り返しすることです。あなたが赦すのは、あなたが宗教的になろうと努めているからではなく、あなたの人生が前に進んでいけるようにするためには、あなたにとってそうすることが必要だからなのだということを肝に銘じておかなければなりません。もしあなたが、殺害されたかあるいは傷害を受けた人の人生に栄誉をもたらしたいと思うのであれば、そのための最も良い方法は、あなた自身がより素晴らしい人物になることです。癒しの過程は、加害者の処罰と結び付けられるものではありません。何故ならば、あなたがそうすると、あなたは、あなたの愛する人の価値を下げることになります。

5年が過ぎたとはいうものの、どうしても、終わったとは思えません。私たちはカウンセリングを受け、それでまったく直った、という感じではありません。使うとしたら、回復がもっとも相応しい言葉です。私は未だに回復の途上にいるのでしょう。

コンラッド・モア

25 | 私たちは、暗黒の奈落の底へと落ちていった。死に物狂いで足場を探しながら。

　私たちは、子どもが3人いる普通の家族でした。その日は、給料日でしたが、1984年の普通の一日でした。その日、13歳のキャンディスは学校から帰って来ませんでした。6週間半にわたって私たちは捜索しました。それから1月17日になって、彼女の遺体が、手足を縛られた状態で掘っ立て小屋で発見されました。彼女は凍死でした。警察は依然として事件の捜査を続けており、その事件は今でも、謎の未解決事件のリストに載っています。私は丁度今週、それをテレビで見ました。

　その事件は私たちの人生を変えました。私たちには、B.C. と A.C. があります——キャンディスの前とキャンディスの後です。しかし私がテレビで彼女を見るとき、私はもう、トラウマにはなっていません。彼女は今でも私たちの人生の一部であり、彼女が今尚記憶されているということを私は光栄に思っています。

殺人犯はまったく見つかっていませんが、私は、正義を経験しましたし、それは私にとって本当に驚きでした。より適切な言葉が見当たらないのですが、正義とは、魂の癒しです。正義が執り行われるためには、ある種の構成要素が発生する必要があります。私たちは被害者として、真実と、犯罪の評決、検証、立証を必要とします。

　私は、こういうことは法廷で執り行われなければならないと考えていたものですから、それらを切に望んでいました。しかし法廷に行った他の被害者の方々が、正義が執り行われているとは感じられないということについて不満を述べるのを聞いた後では、私は、裁判はこれらのことを保障はしないのだと理解しています。結局私たちは、刑事司法制度の再被害（者）化を免れました。

　私の夫のクリフと私は、やむなくもう一つ別の種類の正義を選ばざるをえませんでした。即ち、私たちの話をすることによって真実を見極めるということでした。私は本を書きました――私の物語、私の見解。とても幸いなことに私たちの話は受け容れられ、検証され、肯定されました。私たちのコミュニティは、とても明解に、私たちの娘の殺害は悪いことであると述べました。彼らの行動、例えば、彼女を追悼して水泳用プールを建設するといったことによって、彼らは私たちに、キャンディスは尊重されたということを語りました。彼らはまた、彼女の思い出に生命を与えました。そうして、司法制度外での執行が可能な、創造的正義と呼ばれるものが出来ています。しかしそれには大変な労力が必要です。

ウィルマ・ダークセン（WILMA DERKSEN）
赦しというのは、私たちが加害者のときには、とても素敵で、励みになる言葉です――それは、温かく、すべてを包み込むような言葉になりえます。しかし、私たちが、被害者のときには、それは大変犠牲の大きいことなので、とても難しいことです。

　私は、悲嘆はこの重要な一部ですが、怒りと、正義への必要性が、ただ泣いて、悲しみを耐える必要性を抑え付けることもありうると考えています。往々にして、殺人事件のサバイバーたちは、戦闘モードに入っているので、亡くなった本人が、問題の中に埋没してしまうこともありえます。私たちは素晴らしい葬儀を行いました。私たちにとって、キャンディスを思い出し、キャンディスがどんな人間であったかを思い出し、そういう思い出を掘り起こして、掘っ

立て小屋で凍死したキャンディスを、私たちとともに生きたキャンディスから切り離すことは重要でした。私が書いた本は悲嘆の一つの形です。

今回の経験は、絶壁の頂上にいて、突然、誰かが私の指を払いのけたので私たちは、暗黒の奈落の底に落ちて行っているようなものでした。私たちは、私たちに正義を与えるだけではなく、私たちの家族を守り、私たちの命を守る足場を見つけるのに死に物狂いでした。これは生きるか死ぬかの問題でした。ですから、私たちが落ちていくときには、ありとあらゆるものにひっ捕まり、必死になって踏みとどまりました。それらのうちの一つのものが、赦しでした。少しだけ赦すことで1～2度失敗してしまい、赦すこととはどんな意味があるのかについて再学習をしなければなりませんでしたが、それは良いことでした。

私にとって赦しは依然として、動く標的です。何故ならば、赦しについて私なりの理解ができたと思った途端、私に向かってきます。

私が思うに、赦しには2段階があります。私たちの悲劇の直後、私の赦しについての考え方は、怒り、苦痛、自己専念、といった事柄から自由になることでした。それはまったく個人的なことであり、経験を忘れ去るための一つの生き残り戦略でした。それは、加害者とは何の関係もありませんでした。私は今でもそういう面——ただ自然のままに過ぎ去らせること——が赦しの一部であると主張します。

これに対して2番目の段階は、赦しという言葉が、被害者と加害者との関係にどのようにあてはまるのかを理解することでした。それは、その関係を受け容れること、その関係に取り組むこと、また、二者の間で、事態を正すことを意味します。後半がより複雑で、私は未だその機会を持ったことがありません。それでも私は赦しました。何故ならば、私は今回のことでの経験を、ただそのままにしておいたり、そこから逃げるということよりはむしろ、制御された形で、私の人生に一体化させたからです。

自然のままに過ぎ去らせることや、受け容れることは、加害者に責任逃れをさせるということとは何の関係もありません。彼らは、説明責任を負うべきであり、彼らの行為の重大さを感じるべきです。丁度被害者が、癒されるために、彼らの失ったものの苦痛を何とか切り抜ける必要があるように、加害者もまた、癒されるためには、彼らの罪の意識を何とか切り抜ける必要があります。私が彼らに説明責任を取らせることは、彼らの自由への道でもあります。説明責任は、被害者の、悪意のある、報復的な議題ではありません。それは、私たち双方が自らを自由にできる方法なのです。

赦しには、起きたことを理解したいと思うこと、起きたことに取り組むこと、そして、それをできるだけ上手に解決することが含まれます。部分的にはその代理行動でしたが、私は刑務所に行って終身刑者と話をするということを通じてその心の旅路を辿りました。私は「何故なの、どうしてなの」と訊ね、「それは間違っていた」と言っていました。しかし、私は私の言葉について彼らに説明責任を取らせる必要はありませんでした。彼らはそのことを私の同席したことに見て取りました。この間私が受刑者と持ったこうした相互作用もまた、私の赦しの一部でした。

　少しだけ赦すことは、私自身を赦す際、役に立ちました。私は、途方もない罪の意識がありました——それと「たら・れば」！　キャンディスは、私に迎えに来て欲しいと電話をかけてきていましたが、私は予定より遅れていたので、「迎えに行けないわ。歩いて帰ってらっしゃい。」と言いました。私は地獄を経験しました。責めは手に負えないものです。それは大抵は怒りの親戚です。恐らく私の怒りの多くは、その罪の意識と、弁明を求める私の内なる必要性から来ていました。

　私は怒りについての私の考えを変えました。以前、私は怒りを、あなたを破壊するもの、あなたが打ち勝つ必要のある敵として見ていました。そうなんです。今私には、まさに煮つまってきて、行き場のない怒りは殺人者であるということがわかります。しかし怒りは自然な反応で、怒りは、不正義に対して何かをするための動機付けになります。私には、キャンディスを奪った人がいるということで、怒るあらゆる権利を持っていました。今でも、不正義に対して私が引き出せる大きな怒りの流れがあります。私は今でもおとなしい、穏やかな、引っ込み思案のメノー派教徒（訳者注：キリスト教プロテスタントの一派；幼児洗礼・誓言・兵役拒否などを特色とする）の女性ですが、もし私が、怒り心頭に達したら、私は誰にだって語ることができます！　怒りはこのような不正義をやめさせ、くつがえしてしまうエネルギーなのです、と。

　私のメノー教徒としての継承資質の中に揺ぎ無く定着しているのが、平和への献身です。しかし今私は、私には殺人ができるということがわかります。今や私には、その、殺人の願望がどこから来るのかが理解できます。私が私自身の中に見出したものは、人間とはどのようなものなのか、ということについての私の考えを根本的に変えました。

　私は途轍もない憤激を持っていました。しかし私が私自身の暴力に接触したとき、私はまた、私は「目には目を」は犯したくないということがわかりまし

た。何故ならば、その常套語が言うように、誰もが目が見えなくなるでしょう。それは終わりにしなければいけません。それが、愛の使命――私たち自身の傷みを超えて、より多くの愛を創ることができること――です。さもなければ、私たちは、暴力の連鎖を続けることになるでしょう。

　神は殺人のこちら側から見ると、まったく違って見えます。私は、私が知っていた神、あるいは私が信じたかった神が本当に破壊されるのを経験しました。神は完全に掌握しているわけではありません。彼は後援者ではありません。それは恐ろしい考えです。神は祝福すべき善きことを捜し求めてはいるものの、物事を制御するつもりは毛頭ない、ということが私にはわかりました。神は苦しむことの価値、善と悪が共存することを認める価値を理解しています。暫くの間私は、私の信仰の深い奥底を経験しましたが、今私には、苦しみだけではなく、神の恩恵もまた見えています。

　神の息子が殺害されたのだ、という理解をすることは素晴らしいことでした。そのような大きな苦難の要素は慰めでした。私はすべての闇と、そしてその後の神の立ち上がりを本当に理解することができました。どこかに希望があるでしょう。神もまた苦しんでいるのです。そして私たちは、苦しむが故により善き人間になります。それは大変な哲学ですけれど。私は私の子どもたちには苦しんで欲しくはありませんが、それでも私には、私の人生において、私の苦しみと、私の失敗こそが、私の最も善き師であったということはわかっています。

　今でも私は、私たちの人生の本質は、愛することと、私たち自身を超えることだと考えています。私たちは、信じられないほど我儘な人間で、信じられないほど、自分のことに夢中になります。人生は常に、私たちが私たち自身の私利私欲を超越し、誰か他の人の人生を幾らかでもより良くしようとする、どんな小さな努力に対しても、報いるものです。おそらく、私たちの苦しみは、そうするための道具を幾つか私たちに与えてくれているのでしょう。

ウィルマ・ダークセン[*]

[*] ウィルマ・ダークセンは、Victims' Voicese（被害者の声：134 Plaza Dr. Winnipeg, MB, R3T 5K9, CANADA）という団体の創設に助力した。

> チャールズと握手をするなんて……吾が息子を殺した銃を握った手と。

アメリカとカナダでは、次第に多くのコミュニティで、被害者には、慎重に体系化された手続を経て、被害者がもしそうすることを望むのであれば、彼らの加害者と面談する機会が提供されています。これは、時に、被害者／加害者者調停と表現されることがありますが、凶悪犯罪の場合には、その手続は、被害者／加者対話、あるいは、協議と表した方がより相応しいかもしれません。

26 | 私の生活が元通りになり始める度に、彼がテレビの画面に現れるのだった。

　私は車を運転してバトン・ルージュ（訳者注：ルイジアナ州州都）からヒューストンへの帰り道で、クリスチャンの放送局のラジオ番組で、赦しについて語っているのを聴いていました。私には、神が、私がどのようにして赦しを期待しているのかを理解することはできませんでした。私は危うく生きたまま食べられてしまうところでした。しかしラジオでは、生き続けて行けるようにするためには、あなたは、どのようにして赦すことができるようにならなければいけないかについて語っていました。私は歩く屍のような人間でしたから、何が話されているのかはわかりました。

　今私は州間ハイウエイを走行中で、「神様、ジョナサンがしたことに対して私は彼をどのようにしたら赦せるのでしょうか？」と泣き叫びながら言っています。すると次のような声が車の後部で聞こえました。「あなたは彼がしたことを赦す必要はありません。彼を赦してあげなさい。」何かが私の心を爆発させました。私は車を道路脇に寄せなければなりませんでした。それほどひどく私は泣いていました。私がどのくらいの時間そこに座っていたのかはわかりませんが、神はそこ、車の中で、その短い言葉で、まさしくすべてを解き放ちました。

私の娘のミッツイは、彼女のルームメートと一緒に、1986年の彼女の誕生日に殺害されました。9月13日がミッツイの誕生日でしたが、私は去年、9月22日に、娘を殺害した男、ジョナサンと面談をしました。その2週間後に、彼は処刑されました。

　私の生活が何とか元通りになろうとする度に、ジョナサンがテレビの画面に出て、何かをしようとしているように感じました。彼の控訴が審理されていた、とか、彼は虐待を受けていた子どもだったので、新たな裁判を受けることになっていた、という通知を受けるかもしれません。そんな内容が次から次へと出てきます。私の関心の的は、彼を死刑囚監房から出さないことでした。私には、彼がいつの日にかは、自由の身になるかもしれないという考えは、耐えられませんでした。

　私は彼と話がしたかったので、裁判が終わった瞬間から、私は彼と会おうという努力もしていました。何故そうしたかったのか本当にはよくわかりません。私は、彼に何を言おうとしていのかもわかりませんでした。しかし私には取っ掛かりはありませんでした。

　それが1998年になって、被害者支援組織の人から、私に、新しくできた被害者／加害者調停プログラムに参加してみてはどうか、との問い合わせがありました。それは、まるで祈りに神が応えたようでした。私たちは準備を始めました。そしてそれは、私にとっては、これまで私に起きたことの中で最も素晴らしいことでした。そのプログラムは文字通り、私に私の人生を取り戻してくれました。

ポーラ・カーランド（PAULA KURLAND）
それは聖書の中で問いかけています。もしあなたが赦さなければ、どうして神はあなたを赦すことができるのでしょうか。これは私にはどうやってもできそうにないと感じました。しかし私が、最終的にはジョナサンを実際に赦したときには、私は、他の多くの人々をも赦せるようになりました。ジョナサンを赦すことを通じて、私は、他の誰をも赦せるようになったのです。それでまさに私が解き放たれました。

　調停は私がこれまでしなければならなかったことの中で、わが子を埋葬することに次いで二番目に辛いことでした。それは5時間半続きましたが、人生を変えるような出来事でした。私はすべてを吐き出しました。私は、私が言わなくてはいけないと感じたことはすべて言うことができました。今私の心の中に

は、穴が開いています。そしてその穴はこれからもずっとあるでしょうが、私の心をもう消耗させません。

　私は、その面談が死刑執行と余り近くないことを願っていました。私はその処刑に立ち会いたいと思っていましたが、私がその決心をしたときの理由は、私が、彼が最後に見る人間になりたかったからです。私は、彼に、彼が後に残したものは何だったのか、彼はどんな種類の悲しみを残したのかを見て欲しかったのです。調停をした後で処刑を見るのは大変つらいことでした。何故ならば、私が話しをした男は、私が13ヶ月間法廷で一緒に席に就いていた男と同じではなかったからです。

　ジョナサンがしたことは間違ったことでしたし、彼は、受けて当然の判決を受けました。しかし、彼と私がお互いに気持ちの整理がついた後で、彼の死に立ち会うのは大変つらいものでした。彼はカトリックになっていましたが、私にメダルを残しました。それは奇跡のメダルと呼ばれています。私はどこに行くときでも、ロザリオ・ビーズと一緒にそれを身につけて行きます。

　あなたが凶悪犯罪を経験した後に続くあらゆることの真っ只中で起きることはとても驚くべきことです。神はあなたを拾い上げ、どんな種類の環境の下であっても、あなたには決して夢想だにしない場所にあなたを置く方法を持っています。私は今日、刑務所で仕事をしていますが、そうすることを私に説得させることができる人などいなかったでしょう。私はそのことを大変光栄に思っているので、それを分け合わねばなりませんでした。

　私は、死刑囚との調停を終えて、別人になって出てきました。それ以前は、私は、被害者の運動にはどんな種類のものにせよ、参加することはできませんでした。というのも、私が癒えることができなかったのに、どうして私が他の人に、どうすれば癒えるかについて話すことができたでしょうか。調停の後では私は、被害者に関することで積極的になりたい、と言いました。私は、加害者に関心がありませんでしたし、誰か他の人の加害者と話しをしたいとは思いませんでした。しかし、被害者支援組織の人たちが、「ジョン・セイジがやっている被害者/加害者プロジェクトに先ずはあたってみるといい*。刑務所での彼のプロジェクトに参加したことのある被害者に会いに行ってごらんなさい。」と言いました。

　そこで私はオリエンテーションに行きました。そして、私は、被害者たちが、そのプログラムの中で、彼らと加害者との間で起きたすべてのことについて話すのを聞きました。私は彼らが加害者たちと関係を持ちたがっているというこ

とで、まったく愕然としました。彼らは、これらの人たちを愛することについて語っていました。私は彼らが異常だと考えました。彼らは、別れ際に加害者を抱きしめることについて話し始めました。私は、「私もやってみましょう。でも今ここで皆さんに言っておきますが、私は、彼らに私の体を触れて欲しくありません。彼らに私のところに近づかせないで下さい。」と言いました。

そういうことで、私はその場へ出て行きました。そして言うまでもないことですが、私は直ぐに加害者の二人と親密な絆を結びました——一人は黒人で、もう一人は白人です。彼らは今はどちらも出所しています。そして私は、引き続いて彼らと親しくしています。

笑っちゃいますよね。私は去年、刑務所でのこのようなプロジェクトの3つに参加しました。それぞれ開始から終了まで12〜14週続きました。そして私は、そこでの加害者のほとんどの人たちと連絡を取っています。それってすごいことではないですか？　どうしても言いたいのですが、これらの人たちの間で起きていることは奇跡です。私が現に起きているのを目の当たりにしているのは、これらの加害者に変化をもたらしているということです。それは私にとっては癒しです。そこから出て来るたびに、私は飛躍的に成長しています。

私の娘が殺害されたとの知らせを受け取ったとき、私は、まさに奈落の底にいました。そこは人が落ち込める最も深いところです。今私は天国と同じ高みにいます。そしてそれは、ひとえに神が私をそこに置いてくれたからです。今は際限はありません。私は今尚、成長しています。私の心はまさに毎日大きく広がっています。

ポーラ・カーランド

* Bridges To Life（命への橋）は、凶悪犯罪被害者を、出所間近の受刑者のボランティアと、12週間のプログラム期間にわたって交流するために刑務所に招きます。

27 あなたの家の中を竜巻が通り抜けたようだ。

　今から7年前の感謝祭の週末に私の妹のジャネットが交通事故で、彼女の女友だちと一緒に亡くなりました。飲酒運転によるもので、加害者には飲酒運転の傾向がありました。私の妹と私は大の親友でした。

　それは、あなたの家の中を竜巻が通り抜けたようでした。あなたは少しずつゆっくりと掃除をして、壊れた部分を修理して、物を元あった場所に戻さなければなりません。最終的にはあなたの家はあなたの家にまたなるでしょう。私は、私の子どもたちのために、自力で這い上がらなければなりませんでした。しかし最初の1ヶ月間は、私は、一時的に意識を失っていました。私たちにこの衝撃、この麻痺感が与えられたのは神の恩寵だと私は思っています。それは神が、この最初の2週間、私たちを守るために、私たちの上に被せた一種の盾でした。

　私は自分で取り仕切るタイプの人間——私のミドル・ネームは Going（進捗状況）です——ですから、私は私の人生は自分で取り仕切らなければなりませんでした。私は私の人生は掌握していましたので、私は、こんな輩に私を私の妹と一緒にだめにさせられないようにしました。私は自分自身のカウンセリングは出来ないので、私が乗り切るのを手伝ってくれるような人を見つけなければなりませんでした。それに私は、加害者とコンタクトを取らなければなりま

せんでした。私は、このことについて被害者支援の人に教えてもらったわけではありませんでした。そのときは、私はそのようなプログラムがあることを知りませんでした。それに辿り着くのに、私はあらゆる種類のお役所仕事を経なければなりませんでした。

　人々は私が狂っていると思いましたが、被害者／加害者調停プログラムを通じて、私は、加害者と刑務所で会いました。要は、私は、彼にジャネットの写真を渡しました。私は、彼に、私の傷と喪失感を、見て、聞いて、感じて欲しかったのです。私は多分、私が、彼の人生でほんの少しだけでも違いを作ることができれば、と希望していました。

　しかし彼は依然として、あらゆることに対して、非常に横柄な態度を取っています。彼は、彼が収監中に彼の息子が生まれたことにより気を遣って、自分自身のことを哀れんでいました。私は、「ねえ。私はジャネットの花嫁介添え人にさえなれないのよ。私は、彼女に最初の赤ちゃんが生まれるときに立ち会えないのよ。」と言いました。

　私には彼の態度が気に入りませんでしたし、私は、彼が、自分のしたことを本当に理解したとは思っていませんが、私は彼を赦しました。私は彼にそのことを告げて気持ちが落ち着きました。というのは、私にとっては、それは癒しのもう一つの方法でした。誰を私が審判できるのでしょうか。それは、審判の日が来たときに、彼と神との間のことがらです。私は彼に「私はあんたのしたことが気に入らないし、あんたの態度は嫌いです。」ということを、本当に知らしめました。いまでも彼には頭に来ることがありますが、私の重荷はなくなりました。私の心のもう一つの部分が癒されました。彼と話をすることは、私にとってはセラピーでした。

ジョアン・ヴォ（JANNE VOGT）

あなたは丁度この美しいジグソーパズルを完成したところです。突然、誰かがやって来て、テーブルからそれを打ち落とします。そこであなたは、ばらばらになったピースを元通りの一つに直し始めなければなりません。すると、あなたにはどうしてもどこにも見つけられない欠けているピースがあります。あなたの絵は完成していますが、一つ見つからないピースがあって、あなたはそれを何とかしなくてはいけません。

　私の父と母は、Canadian First Nations（カナダ先住民族）です。彼らは、降霊術者に家に入ってきてもらい、悪霊退治のために杉の枝で家をお祓いしても

らいます。そうしてから、彼らは、ジャネットが、彼女の霊の世界に送り上げられた感謝祭の料理皿を受け取れるように、ジャネットのために、「感謝祭の夕食焼成」を行いました。私はそのような形の霊性を信じていません。私は、私の家族でただ一人クリスチャンですので、私は、神が書かれた言葉への信頼に基づいて判断します。

　私は、神は私を破壊させようとはしなかったと信じています。神は私に悲しみを感じさせようとしました。神は私に喪に服させようとしました。神は私を怒らせようとしましたが、私には、これらすべてを通じて、まったく霧がかかっているように見えはしたのですが、神はいて、私を最後まで持ちこたえさせるだろうということはわかっていました。私のカウンセラーから、私は、神に怒りを感じても構わないということを学びました。復讐したり、子どもにあたるよりは、神に怒る方がよりましです。私たちが神に怒りを感じるのは人間的であるということだけです。

　ヨブ記は私の聖書の中で、すべて印が付けられています。すべての呻き、もがきについて私は、ヨブ記と関連付けることができます。それと詩篇が私の愛読書の一冊です。それは私が行くことのできる場所の一つです。そこには、希望、称賛、崇拝がありますが、怒っているところもあります。私は今でもそこを開け、それを何度も何度も読み返します。

　私は常に、ただ羽をバタバタさせて行くだけの蝶々人間でした。今私は、人々の人生に良い影響を与えたいと希望しています。私は、私がジャネットを失ったときに、被害者支援の人たちが私にしてくれたことがあったので、その活動に参加しています。私はそのお返しをしたいのです。私は、アドバイスを与えることによってではなく、ともに人生を歩むことによって、支える棒になることによって、人の人生に良い影響を与えられたら良いと考えています。

ジョアン・ヴォ

> 私は、私の子どもたちのために、
> 自力で這い上がらなければなりませんでした。
> しかし最初の一ヶ月間は、私は、一時的に意識を失っていました。
> 私たちにこの衝撃、この麻痺感が与えられたのは
> 神の恩寵だと私は思っています。

28 | 私は自分が良い気分になれそうにもなかった。

　もし私が私の話を書くとしたら、私が、デイヴはじめ被害者/加害者調停グループの人たちと出会ったところから始めるでしょう。それは、私の人生が本当に好転したときでした。それ以前に起きたことはすべて過去で、その日以降のすべてのことが、前進です。その後で私は自分自身を再び抱きしめることができましたし、過去の亡霊を追い払うことができ、赦し、前に進むことができました。この話には終わりはないでしょう。人生は次第次第に良くなり続けています。

　1978年に私は、見ず知らずの男に強姦されました。この事件は裁判になりましたが、加害者は、簡単に言ってしまえば、無罪放免となりました。裁判自体がとても酷いものでした。私が尋問を受け、私に関するあらゆることが法廷に出されました。加害者は放免となりましたが、それからの20年間、私は恥辱と罪悪感を引きずって生きました。

　私は彼を憎みました。私は、彼に、彼が私にしたことの償いをするために刑

務所に入って欲しかった。私は私の中に非常に多くの恐怖感を持っていたので、彼の名前が聞こえると必ず呼吸亢進を起こしました。私は毎日のように加害者のことと、私に振りかかったことの夢を見ました。この輩の名前はたくさんのトラックに付いています。もし彼の名前がついているトラックとすれ違ったりすると、私は車を路肩に止めて、暫くじっとして休んでいなければなりませんでした。私は被害妄想になり、彼が私の後からついて来ているとよく考えたものでした。

その強姦があったために私は、男性と上手に付き合うことができませんでした。結婚して3ヶ月経ったところでこの事件が起き、私の結婚生活は崩壊しました。私はいじけてしまいました。私はかなり内向的な人間になりました。私の職業上の成長は阻まれました。それまでの私は仕事では常にやる気のある人間でしたが、そのときは何かが邪魔をしていました。私は、ある事柄を片付けて、自分が良い気分になるということができそうにもありませんでした。

今私は、別の犯罪で収監中の、私の加害者に手紙を書いています。私たちはそれほど頻繁には手紙の遣り取りはしませんが、連絡は取り合っています。そうすることで私は友情を培うことができた、ということ以外には、何故こんなことをしているのかさえ、私にはわかりません。私がデイヴと出会う前には、その人と話せるようになるということを考える機会ですら、まったくありませんでした。私が彼即ち、その人、のことを考えるのはそんなふうでした。

ダイアン・マグヌスン（DIAN MAGNUSON）
その手紙自体—私はそれを読んだ瞬間をはっきりと覚えています。私は、私が非常に長い間憎んでいたこの人について読みながら、信じられないほど素晴らしい気持ちになりました。それ以前であれば、私はこの男を殺すこともできたでしょう。私は、文字通り銃を手にして座って、彼がしたことを理由にして、彼を殺すことができたでしょう。彼が傷つけたのは私だけではありませんでした。彼は、私の父を、私の結婚生活を傷つけました。その手紙の後で、私はまさしく大変な心の安らぎを感じました。

彼への私からの最初の手紙は、詩でした。というのは、私は、詩にした方が自分のことをより上手く表現できたからです。私の詩は、あの瞬間彼はどこにいたのか、彼が私にしたことを、どうして彼はしたのかを問い掛けました。彼は彼のこれまでの人生のあらましと、彼をあのような怒りに駆り立てたものは

何だったのかを認めた返事をよこしました。そこには、裁判の際には私が彼から決して聞くことのなかった、罪の自認も書かれていました。

彼が彼の罪を認め、謝罪したとき、私は即座にホッとしました。私は今でも、これまでの悲しみが、ドドーッと私の中から退けて行くのを感じることができます。その瞬間私は、私が彼を赦したと思います。私は鎮静効果を感じ、悲しみと怒り、それとそれに付随する抗し難いすべての感情が、即座に解き放たれるのを感じました。

彼は、彼が私に対して行ったことでは投獄はされませんでした。ですから、彼は、「死んじまえ。もうこれ以上のゴタゴタはご免だぜ。」と言うこともできたでしょうに。そこで彼は、じっくりと腰を据えて、彼がしたこと、それが私にどんな影響を与えたのか、彼の人生とは何であったのか、について考えなければなりませんでした。彼の手紙には、本当の誠意があったと感じましたし、これから大人になる一人の若者として彼が経験した苦悩を感じました。

彼がしたことに問題はない、ということではありませんでした。彼がしたことは恐るべきことでしたが、今私は、どうして彼がああいうことをしたのかが理解できました。私は、まずい時に、まずい場所にいたのだ、ということがわかりました。それは決して私個人に向けられたものではありませんでした。それは、彼の問題であって、私の問題ではありませんでした。私はそれを、過去のものとすることが出来ました。

これで説明責任が終わるわけではありません。私は、あなたがある人を刑務所に入れて、そのままその人を刑務所に入れたままにしておくべきだとは言っていませんが、彼は故あって収監中です。私は、人は変われると考えています。

あなたが、怒りやその他あれやこれやのことから解き放たれると、あなたはあなたの人生に取り組むことができます。私が彼と初めて接触してから、私が、心丈夫で自信を持って階段を上がって行くまでに、それほど時間はかかりませんでした。今私は銀行の支店長で、自立しており、自信に満ちて、気分が爽快です。私は私の人生のあの時のことはまったく考えません。もう悪夢はありません。今の私の方が、8〜10年前の私に比べて、若いように見えます。

私たちは本当にお互いに助け合いました。そしてそこから、幾らかの絆ができました。しかし、たとえ彼が何をするのも拒んだとしても、その過程が、私を救ったことでしょう。というのは、私には私の感情を紙に認め、「これはあなたのものよ。あなたに帰属しているものなのよ。」と言うことができたからです。私にとっては、この過程を経験することは、それが双方向であろうと一

方的であろうと、良いことでした。恐らく、双方向でなかったとしたら、私はここまではできなかったことでしょう。しかし、私は依然として、あの悲しみと怒りを取り除き、それが帰属すべきところに戻したことでしょう。私は、私が落ち着いて、手紙を書くことはそれ自体が大変な癒しになっていると考えています。私は、あの詩の中に多くの怒りを解き放ちました！

　私の人生で、未だやり終えていないままになっている唯一のことは、私は、彼が成長し続けるのを見てみたいということです。私には、彼が成長し続けること、そして彼が価値のある人生を送ることができる、ということを知る必要があります。これは、私の人生を一層より価値あるものにする機会となります。あるときには私たちは、かなりの緊張感で繋がっていました。そしてそれからまた別の時には、ある種の償いをすることで繋がっていました。私は彼がその時点から前進したということを知りたいです。

　私自身は、もうこれ以上後戻りをして、憤りを感じることはできません。それは、私が気持ちを切り替えたという証拠です。憤りを感じるようなものは何も残っていません。私はあの日について考えることは出来ますが、そうしても最早、私の心には何の怒りの感情も湧いてきません。恐怖心はすべて消え去りました。それはただ、何事かが起きたというだけに過ぎません。

　ある人に起きることから流れ出てくる、驚くべき支流、本当に多くの側流があります。それらは、どれも皆、一つの出来事のせいなんですが、人々の人生に異なるルートを取ります。癒されることによって、それらすべての事柄が変わりもします。

ダイアン・マグヌスン

29 | なんだかいつも、監視されているようだ。

　以前と以後——それが、私の物事の見方です。私は出来事をそれら二つの括りに入れるので、それらがそう簡単には交錯することはありません。

　私の兄のランディは、現在は 10 〜 20 年の刑で服役中の又従兄弟によって、1988 年に殺害されました。私は既に最初の夫と別居していて、その殺人事件があって、私にとっては事態が大変うまく収まりました。私は単に殺人事件と取り組んだだけではなく、その上、離婚やらその他諸々のことに取り組んでいました。

　私は、多くの怒りを取って、それをカプセルに詰め込み、無理矢理押し込んで、それとは一切係わらないようにしなければなりませんでした。あれやこれやを投げては粉々にしてしまう——そうやって私は育ちました。でもそうすることで、私は、頭に来ても構わないのだ、そして、ある日にはそのことについて話したくなくても、翌日にはそのことで溢れかえっても大丈夫なのだということがわかっています。私の夫は相当耐えてきました！

　裁判の日、私は墓地に行き、ランディの墓石に一輪の花を供えて、「私たちは彼を刑務所に送りますからね。」と言いました。第 3 級殺人罪の判決が下されたとき、私は、「私たちは彼を刑務所送りにしなかった！」と言いました。彼は酔っていて、自分がしていることがわからなかったという理由で、第 3 級

殺人罪になりました。彼はその罪を逃れたようなものです。彼は既に事前出所しており、今私たちは、差し迫った仮出所に対処しているところです。

私たちは道路から離れた、農道の裏の、酪農場に住んでいるという特別な理由もあって、一旦彼が出所したとなったら、安全確保の問題があります。一度彼が釈放されたとなれば、それは不可避ですが、私たちは恐らく、ポケベルか警報器か、何かそういったものを携行することになるでしょう。今でさえ私たちは電話番号を公表していませんし、電話機には発信者確認が表示されるようにしています。家には体重90パウンド（40キロ強）の犬を飼っています。

彼の仮出所に関する最終審理のときに、私たちは、彼の前妻が私たちの家から2マイルも離れていないところに住んでいるということがわかりましたので、私たちは、子どもたちに通学区域を止めさせることもしました。なんだかいつも、監視されているようです。

裁判の最初の日に私はランディに、私が彼の殺人者と対決すると約束をしました。私はランディの写真を持って刑務所に行き、「さあ、これが亡くなった彼です。ここに彼の墓石の写真があります。これが、あなたが私たちに残したものなのです。」と言ってやりたい。彼は、彼がしたことの衝撃を理解する必要があります。第一の問いは「何故なの？」です。それに私は、檻の中では生きたくありません。ですから、私は彼の心は今どこにあるのかを知りたいです。以前に彼は脅しをかけました。私は、私が二度と再び、彼のことを恐れなくても良いということを私に保証するような変化が彼の内面に見えることを希望しています。

サンディ・ホーツ（SANDY HOUTZ）
私の夫が、納屋に行くことによって、私から、そして私の問題から逃げ出すことが出来たということに私は腹を立てたものです。それは本当に正しいことなんです——納屋に走って行き、牛たちに話かけることは！私には逃げ場がありませんでした。そこで彼は私にロバを与えてくれました。そのロバは私の現実逃避の対象でした。それは大騒ぎをしている子どもたちから離れての休止時間を満たしてくれました。でも、もし私の気分が良くないと、そのロバは何もしようとしません。

私はまた、私が彼を赦すが、忘れてはいない、ということを彼に告げるためには、この人間と身体的に対決もしなければなりません。私はこれを神に任せて、この輩に赦しを与えました。それは私がした一番良いことでした。それま

では私は、始終足首に岩石を引きずっているように感じました。それは彼があらゆることの鍵を握っているようなものでした。しかし私は、いつも私たちが彼の支配下にいるように感じるのではなく、彼がいつもと違って哀願するのを見たいと思っています。

もうすぐやって来る刑務所での面会は、私が一歩踏み出して、私の人生に再び焦点をあてようとすることへの鍵です。それがどんなものになりそうなのかは私にはわかりませんけれども。私はそれを頭の中で、多分、1日に100万と1回、おさらいをしています！　私はただ、前日の夜眠れることを願っています。

刑務所での面会後18ヶ月

私は、面会から求めていたものを得ました。とそれ以上にもっと得るものがありました！面会の前に私が求めていたものは、彼が衰弱して、自分がしたことを悔いているのを見ることと、彼が自分のしたことについてしっかりと理解しているのを見ることでした。しかし私は、この人間がどのように見えるかについては準備ができていませんでした。私は法廷での彼は覚えています。黒い髪、眼鏡、横柄な気質、大変な喧嘩腰の態度でした。そして今ここに座っているのは、白髪交じりの皺が刻まれた男です。彼はかなり体重が減っていました。そして大変丁寧で、礼儀正しかったです。それから男のくせに、大声で泣き、震えて、完全に衰弱しきっていました --- 私はそれを求めていましたが、一旦それを目にしたら、私はそれにどう対処したらよいのかわかりませんでした。

私が10年間に亘って、憎しみ、憤怒、怒り、不信を抱いてきたこの人間と面と向かって座っているのは、とても怖かったです。あなたはそれらを110％責め、軽蔑し、そしてそれから、実際にそれらと面と向かって座ります。今私は、どうするでしょうか。私が、すぐさま出て来るべきであったすべてのことを外に出すことが出来たのは、面会がかなり進んでからのことでした。そして私は、私が彼を赦す、ということは、最後の最後の数分になるまでは口に出しませんでした。そうするまでに時間がかかったのは、私が、「あらゆることが元の鞘に納まるのを確認しなければならない。」と考えたからです。私は男の人が、彼がしたように大声で泣くのを今までに一度も見たことがありませんでした。私は、人が、あのようなことをして騙せるなんて信じられません。

面会以来、人生がかつてのように苦しくはなさそうだ、ということが私をなんだか悩ませています。私はここで一旦考えます。人生とはやはり苦しくて当然なのではないのだろうか、と。私は今尚、この揺れ動く心の状態を、自分の

意思で調整できるようにと努めています。

　彼は今出所しているにも拘わらず、私はやっと恐怖心なしで彼のことを話せます。この人間を怖がらないということは実に素晴らしいことです！彼は自分の分をわきまえているように見えますが、彼は、もし彼が一つでもことを起こせば、刑務所に戻って、遥かに長い間いることになるとわかっています。私は彼がこれを永久に続けられるとは期待できませんが、私の理屈では、もし私が彼に手紙を書くことを通じて——それは彼に、「あなたはあなたの過去にまだこの小さな幽霊を持っているのですよ。」ということを思い出させるでしょう——私が、彼の再犯を防ぐことが出来るのであれば、それは多分役に立つでしょう、ということです。

　彼は、「一旦私が出所したら、私は、私の背後を注意しなきゃいけないのだろうか。」と言いました。彼に私を怖がらせるというのは、いつもと違って、なんだかおもしろかったです。私は、「いいえ。私はまったく何をするつもりもありませんよ。」と言いました。力関係が変わりました。そのことは、あらゆるものに影を落として、彼がすべての力を持っていることに変わって、私にいくらか力を取り戻してくれました。今や彼は私たちの下になっています。もう、彼のことを恐れるものは何もありません。

サンディ・ホーツ

　　　面会以来、人生がかつてのように苦しくはなさそうだ、
　　　　ということが私をなんだか悩ませています。
　　　　　　　私はここで一旦考えます。
　　　人生とはやはり苦しくて当然なのではないのだろうか、と。
　　　　　私は今尚、この揺れ動く心の状態を、
　　　　自分の意思で調整できるようにと努めています。

30 私は毎朝「彼が今日死んでくれますように」と思いながら目覚めるのでした。

　人が「子どもさんはいますか？」と尋ねると、私は、息子を亡くしましたとは言いません。私は、「私の息子は殺害されました。」と言います。

　1985年、大学卒業まで後3ヶ月というときに、私の息子のポールはビデオ・ゲームをしに出掛けました。一人の若者が彼のところに歩いてきて、「僕の母さんが町の反対側で死にそうなんだ。乗せてもらえませんか。」と言いました。ポールは彼を乗せました。そして彼はポールを撃って一人車に残し、出血死させました。歯列矯正具の支払いのために骨折ったり、耳洗いや部屋の片付けを教えたりしたそれまでのすべての年月。そういったすべてのことがあって、それから一発の銃弾ですべてがお終い。

　私は怒りました。私はポールの殺人に怒りました。私は正義がないことに怒りました。私は「彼に死刑の宣告を。」と言いました。勿論私は最後にはチャールズと握手をすることになりましたが、それは事件から13年経ってからの

ことでした。

　長い心の旅路でした。私の母が翌年亡くなり、私の父がまたその翌年に他界し、ですから私は、3年間でこれら3人の死を迎えたわけです。お陰で忙しかったですが、私は私の悲しみは打ち捨てて、怒りを持ち続けました。怒りは建設的な形で使うことが可能で、怒りがあったので私の現在があります。というのも、私は、「もし私が自殺したら、誰が抗議の手紙を出し続けるのでしょうか。」と考えたからです。3ヵ月毎に私は、彼のファイルに届くように手紙を書きました。6ヶ月毎に私は、Board of Pardons and Parole（恩赦・執行猶予局）に個人的に出掛けて行き、私がどれほど彼を刑務所に留めておいて欲しいのかを知らせました。私は毎朝「彼が今日死んでくれますように。」と思いながら目覚めるのでした。

　私の父が宗教と称してよくやっていたことは、まったく話になりません。彼は原理主義者の伝道者でした。そして、彼はよく一杯の氷水を飲んでは、「私は、お前がポールを教会に連れて行かなかったから、彼が地獄の炎の中にいるのがわかっているから、これを飲みたくない。」と言うのでした。彼は「こうなったのは、お前が、彼をビジネスマンにするために街に彼を送り出したことの報いだ。」と言うのでした。彼が言うには、神がポールを殺した理由は、私が教会に行かなかったからだ、ということでした。幸い私には、思い立って電話をすると、「今そっちに行くわ。」と言ってくれるようなそんな女友だちがいました。他の人はみんな私に、どうすべきか、とか、どう感じるべきか、と言い続けたのですが、彼女は、「神様に頭に来てはいけないよ。」と言うよりはむしろ、「あなたの子どもを埋葬するのは大変な思いに違いないわ。」と言うのでした。

トーマス・アン・ハインズ（THOMAS ANN HINES）
この前の10月、ステート・フェアで、体中入墨をした一人の男性が歩いて来て、「あんたは刑務所の俺のクラスで話をしたんだ。」と言いました。私たちは、ステート・フェアの会場で立ったままで、涙と鼻水を垂らしながら、鼻をかみかみ、喋り続けました。そして彼が、「これは俺の家内なんだけど、俺はヒーローだよ。あんたが変えたんだよ。誰一人としてこれまで俺に俺の人生が変えられるなんて言った奴はいなかったよ。」と言いました。

　私が憎しみから逃れたのは、私が問いかけをし始めたことでした。「ポール

を殺したこいつについて私に教えてちょうだい。」私は彼の人生に興味を持ち始めました。彼の人間形成に影響を与えた要因があるに違いないと思いました。

　何の前触れもなく突然に私が衝動を受けたのは、私が、被害者支援に招かれて刑務所の被害者衝撃委員会（victim impact panel）で話をすることになったときです。私は、収監者を見ながら、他のスピーカーたちの話を聞いていました。私は最後のスピーカーでしたが、私が話しをしようと立ち上がったときに、すぐそこに一人の若者、赤毛の男──昔の姿のままの私のポール──がいたのです。彼は、私に言わせると、何かを渇望しているような眼差し──無力で、孤独で、苦痛に満ちた──で私のことを見つめました。私は彼を見て、「もし彼がポールだったらどうなのだろう？」と考えました。

　私が用意した、彼らが何という人間のクズなのか、そして、どれほど私が、チャールズがメチャクチャになってしまうことを願っているのかについてのスピーチをするよりも、私は、その若者を見て、再び母親のような気分になりました。私は彼らが私の子どもであるかのように、彼らに話しかけました。私が話し終えたとき、ほとんど伝道集会のようでした。皆立ち上がっていました。最前列では、身長6フィートはある一人の男性が、立ち上がって、頬に涙を伝わらせながら、「あんたは俺の母さんみたいだ。」と言いました。彼が言いたかったのは、私の思い遣り、気遣いのことでした。そのことは私にとってまったくの方向転換となりました。そうするために私は行ったのではありませんでした。それは私が意図していたのとは違う成り行きでした。気がつくと私は「今度はいつ来れるのかしら。」と言っていました。それは1994年のことで、私は、いまだに刑務所に足を運んでいます。私が刑務所に足を運べば運ぶほど、もっともっと行きたくなります。

　私は直ぐにはチャールズを赦しませんでした。実際私は、被害者／加害者対話プログラムの開始には反対していました。しかし私が刑務所に出入りするようになればなるほど、収監者から、彼らの子供時代を語る手紙を受け取るのが増えました。そしてチャールズについての私の好奇心は一層募りました。

　それらの手紙を読みながら、私は、「そうそう、同じことが私にもあった。」と言いました。私には、私に性的な悪戯をする伯父と、伯父はクリスチャンなんだからそんなことはしない、という父がいました。私の人生は苦痛そのものでした。それに、他人を傷つける人というのは、よく、自分たち自身をも傷つけるものなのです。

　私がある刑務所を去ろうとしたときに、一人の男性が私が来たことに礼を述

べました。私は「あなたはこんなに素敵な人です。どうしてあなたはここにいるのですか。」と言いました。彼は泣き始めて、「ねえ、あなたがポールについて話す度に、あなたは私のことを見ました。」と言いました。私は、「私にはあなたが何のことを話しているのかわかりません。」と言いました。彼は「俺が17歳だったとき、俺はそいつの車を盗むためにそいつを殺しました。俺は、あんたの息子さんを殺した奴と同じように、かなり必死になって町から出ようとしていました。」と言いました。私は、「私はチャールズと話をしなくてはいけない。」と答えました。

　私は友人たちにチャールズとの面会について話しました。すると彼らは、「だめ。彼は恐ろしいし、殺人犯だよ。」と言ったので、私は、考えを取り下げました。しかし私は訊きたいことが増え続けていました。そして、彼が1999年には出所できるということがわかりました。私はそのことにすっかり心奪われてしまいました。私の好奇心はそそられましたが、私が彼と話しをする主たる理由は、ポールの最後の言葉が知りたいということでした。

　私の全生活は、もし私がチャールズに会うことになるのであれば、私は諦めねばならない信念の枠組を中心にして動いていました。私の父さんは何事にでも付帯条件を付けました。彼はよく、「もしお前が私を愛しているのならば、教会に行きなさい。そして口紅を塗るのはやめなさい。」と言ったものでした。間違ったことをした人は誰でも地獄に行くことになっていました。私の宗教的信仰は、私をこの「目には目を」の小さな箱の中に押しとどめていました。私は、原理主義者の「汝するべし、汝するべからず」から完全に自由にならなければなりませんでした。私は、私が今のように学ぶことを、そして、選択する自由意志を持つことを認めるような精神世界を見出さねばなりませんでした。私はそういったあらゆる硬直性から解き放たれなければなりませんでした。神というのは、王位にあって、そこに鎮座して、その人たちが悪いからといって、彼らに悪いことをしているような、そんな尊大なものではありません。

　無条件の愛が入り込む余地もなければなりませんでした。チャールズには決して私の息子を返すことはできません。それを元通りにすることは彼にはできません。私がチャールズに関して学んだ教訓は、私たちの面会の終わりの段階で出てきました。私には私の手をテーブルの向こう側に差し出す選択肢がありました。そして、私は彼には私に何もまったく返せないということはわかっていました。

　チャールズと握手をすること、私の手を差し出すことは、私の息子を殺害し

た銃を持っていた手を私が受け容れることを意味しました。私が彼の手を取ったとき、私はまさに手を揺すろうとしていました。しかし私は圧倒されました。私は、解き放つのに13年間掛かった苦悩の泣き声を上げて、テーブルの上に打ち崩れました。私があんなに大声で実際に泣いたとは、私には信じられません。私は常に、おしとやかに泣くものと思われていました。それは解放感と安堵感でした。

　そして彼は彼の魂の内面を私に見せてくれました。私は彼から手紙をもらう度に、私が彼に手紙を書く度に、私は泣きました。私はそれほど彼との一体感があります。私は今月後半にまた彼のところに会いに行くことになっています。

　ポール・ハインズが、彼が助けてあげようとした男によって殺害されたということは、まったく筋が通る話ではありません。しかし私が木曜日にあの刑務所に行って、もし、一人でも私が伝えなければならないメッセージに耳を傾けてくれる人がいれば、そのとき、それはまさに少しばかりより大きな癒しが起きることになるでしょう。私が、いて然るべきだと思われる場所にいるということを知ることは、私に活力を吹き込みます。厄介に感じないとき、それはあなたが正しいことをしているということをあなたに物語っているのです。

トーマス・アン・ハインズ

31 自殺をするか、あるいは、生きて行くための何かを感じるかのどちらかだった。

　幼い子どもの頃、思うに私はたくさんの臭い、ボロボロの黄麻布を身にまとっていました。私はそのすべての重荷を背負って歩き回っていましたので、あなたが見ても私が誰かは本当にわからなかったでしょう。年が経つに連れて、私は、一度に一枚ずつ、その黄麻布を脱いできました。最終的には、私は、まさに自分の両足でここに立っているところまでには至っています。今からずっと前には、そんなことをしている自分を想像するのは怖かったです。

　私が6歳のときに私の両親は離婚しました。ある朝目を覚ますと父はいませんでした。それから私が10歳のときに、母が自動車事故で亡くなりました。21歳だった私の姉が、私たちの保護者になりました。牧場に住んでいた私たち家族にとって親しい一人の友人が私たちの生活に割り込んできました。ケニイは多くの責任を引き受けて、自分のことを一種の父親と位置付けました。

　私の母が亡くなった夜に彼は私への性的虐待を始めました。彼は非常に支配的で、私には本当に回避のしようがありませんでした。彼が私の家族から私を懸命になって切り離そうとしたことと、私の恥ずかしいという気持ちがあったために、私は結局のところ、彼と一緒になってそのことを隠蔽する羽目になってしまいました。私は嘘をつくのと誤魔化すのが上手になりました。ある意味

で私は、何をやっても何の罰も受けないですむ子どもでしたが、別の意味では、私は、無視された子どもでした。

　14歳になって、私は生き方を変えるようにしました。それから私が16歳になったときの姉の結婚式で、私は彼をひっ捕まえて、「たまんないぜ。俺から離れてろってんだよ。」と言いました。まさにそのとき、ほんの少しばかりですが、私は力を取り戻したようでした。しかし私が21歳で告発するときまで、誰にもわかりませんでした。

　私はその頃、きらめいた印象を与えていたと思いますが、本当のところは、私は自分自身を責め、自尊心はほとんどありませんでした。私は尊厳や自尊心の多くを失いました。私は感情を余りにもひどく排除したので、最早痛みを感じることができませんでした。私はかつて、煉瓦塀のところに歩いて行き、それを激しく打って、痛みを感じない、ということをよくしたものです。あるときなどは私はフロントガラスのところまで歩いて行き、体当たりしました。それで私は本当に意識が朦朧となりましたが、痛くはありませんでした。私はビルの25階のバルコニーから後手でぶら下がって、「ウゥオー、こいつはすげー。」と言っていましたし、高速道路を単車か車で時速220キロですっ飛ばしていました。自殺をするか、あるいは生きて行くための何かを感じるかのどちらかでした。二つに一つでした。私はそれほどまでの閉塞状況にありましたが、私は本当は感情的な人間なのですが、感じない、ということを処理することはできませんでした。

ビオン・ドルマン（BION DOLMAN）
ケニーとの面会が私の、被害者であることからサバイバーであることに向けての第一歩でした。私は今、サバイバーであることを超えて、起こったことを、私の経験全体の中に一体化させたいと考えています。どうやっても、私が仮にもそれを乗り切ったり、それから逃げ切るようなことは到底できません。私は何年間もそれを試みてきましたが、まったくそういうわけには行きませんでした。それを何とかするには、それを超越するしかないと考えています。

　この間私は私自身を相当にぶちのめしました。「あーあっ。もしお前がもっと強かったら、お前はあんなクソを耐えることなんかなかったのだ。」私はあそこから抜け出せるのに充分なほど強くはなかったのだから、負け犬でした。被害者になって「ああ、私には選択の余地はなかったのです。」と言うのは簡

単でした。しかしそれは本当に傷つきます。

　私の後ろには何にもなければ、行くところもない、ということは私にはわかっていました。たとえ私が言いたくなったとしても、例えば姉にですが、私が感じていた恥辱は余りにも大き過ぎました。だから私はそんな決心をしたのです。私はその戸口から足を踏み入れました。そしてそれが私の人生を変えたことでした。私はそのことを受け入れなければなりません。しかしそれにしても振り返って、あの男におとなしく従うという10歳の決心を尊重するのは実につらいことです。大人としての私にとっても、その幼い少年を信頼して、「わかった。どんな理由があったにせよ、お前がその決心をしたんだ。」と、私が不満で騒ぎ立てたりしなかったのだから、私は弱かったのだと感じることなく、言うということは辛いです。

　私は、その頃の年月は、時間の無駄だとしてほとんど忘れることにしていました。今私はセラピストに診てもらうようになったので、私たちは、それらの年月にも価値を置くことにかなりの作業をしています。私は多くのことを学んだということがわかります。私は人の心を読むようになりましたし、人の真意を理解するようになりました。私は誰かが私を誤魔化そうとしているときや、嘘をついているときに、本当に元気になります。私は、人との境界を設定することに一生懸命にやってきました。私は次第次第に、「私はこれはしたくない。それは正しいことのようには感じられない。」というあの声を私の頭の中で聴いています。私はその内なる声を信用し、それに従うようになっています。こういったことすべてを通して、私は、徐々にですが、達成感と、自尊心を得ています。

　私は、50歳や70歳の人が知らないことを知っています。そんな風で、経験というものは、ある種の有難いものになっています。

　私は堪りかねて21歳のときに告発しました。そうした一つの理由は、彼の直ぐ近くに住んでいる二人の若者がいるからです。私には、彼がそれらの若者に性的虐待をし、私はそれについて何もしないという考えを統御することができませんでした。それはコインの裏側でした。コインの表は、私が、彼を罰したいと思っていることで、裏側は、彼の正体が暴露され、他の誰にも危害を加えることができないことを確実にすることでした。もし何年か経って、誰かが、「ところで、ケニイが隣の若者たちを虐待していたのをあなたは知ってましたか？」と言い、私が手を挙げて、「いやあ、彼は私のことも虐待しました……。」となったら、私は自分自身を赦すことはできないでしょう。

英国女王、その王冠と威厳の名において告発され、私は単なる証人に過ぎませんでした。私はそういったでたらめが嫌でした——このことは私の身に降りかかったことなのですから。そのことは忌々しい女王に起こったことではない！　このことについては私は常に、些か頭に来ていました。
　私は、報復的で、懲罰的な司法制度を望んではいません。私は、被害者と告訴された両者を等しく代表する制度を望んでいます。被告が受ける特別な注意の量はとんでもないものです。あらゆるものが彼のところに供給されました。彼がしなければいけなかったことは、喜んで参加することだけでしたし、それはすべて納税者のお金を使って行われました。一方で私は、私の人生を軌道に戻すために骨折らなければなりませんでした。一部は刑事補償によって戻ってきましたが、私は私のセラピーの支払いをしました。私は犠牲を払い、努力を重ねなければなりませんでした。
　もし誰かが犯罪を犯すと、現行の制度では、彼らに特別な立場を与えます。私はそれには賛成できません。もしあなたが別の人を傷つけたなら、あなたはそのことに対して説明責任を持たされなければなりません。そして私は、監房に座っていることがその責任を果たしていることになるとは考えません。加害者が被害者と同じ席につき、彼らと話をして、彼らが経験してきたことを理解することがより良いことでしょう。彼らはその責任を負うべきなのです。もし被害者が、「私は人間です。これが私という人間であり、私が感じたことです。これが、あなたが私の人生に対してしたことです。」と言うことができれば、それはより大きな効果を発揮するだろうと思います。
　私のセラピーの中で私がケニーと対峙しなければいけないところに達しました。これらのことをすべて彼に言うことを心に思い描くことは、実際の人間と一緒の席につき、あなたがずっと言いたかったことを言うこととは同じではありません。そこで私は彼と会いました。会うことは、だいたいは、私が力を取り戻すことに関してでした。私は私の体内にあったゴミを取り出して、「さあ、私にはもうそれは必要はない。」と言っていました。私の中では、彼に罪の意識を感じ、恥じ入り、彼が私に感じさせたこれまでのすべての感情を感じて欲しいと思う自分がいました。しかしだいたいは、私が自分自身を清めて、「わたしにはもうこれは必要ではありません。私はそれを持ってはいません。それはあなたのものです。もしあなたがそれを拾い上げたくなければ、それはそれで構いません。しかしもう私のものではありませんから。」と言うことです。
　面会の直後、私は本当にいい気分をたっぷりと味わいました。しかし、事態

が本当に落ち着くまでには、もっと時間が必要でした。私にとっては、それは「私は、被害者でいることにうんざりしました。」と言うまでの道のりの第一歩でした。

　たくさんの方法で、私は、経験を取り入れて、その上に築くことが出来るようになりました。私は経験を超越できるようになりました。長年に亘って私は、塀の反対側にいました。私はその場所で幸せでした。何故ならば、私には、どのことについても責める対象がありましたから。もしケニーでなければ私の父でした。そして私の父でなければ、私の母でした。それは、いるのには相当に陰鬱で、嫌なところでした。

　ケニーとの面会の後で、私は、私が彼を救したと思います。私はこれまで一度も聖書を読んだことはありませんが、聖書的な意味での救しというのは、あなた自身をあまりにも多く犠牲にし、あなたに起こったことを本当には表現できないまま、加害者を責任から解放させてしまうことを意味していると考えました。しかし私は、そうではないと思います。

　私は、私に起こったことを表現することができたので、ケニーを救すことができました。私はケニーを救すために、私の一部を取り戻しました。私はあなたから私のこの部分を取り返します。それで私が元の全体になるので、あなたを救します。それが私にとって救しが意味することでした。

　後で、彼が私のところに歩み寄って来て、別れを告げたかったときに、私は本当に驚いたのですが、私は彼と握手をし、「ケニー、私はあなたの幸運を祈る。」と言ったのでした。私は、私にそんなことができたということで驚きました。その瞬間私は本気でした。私は彼が永遠に苦しむことを望んではいませんでした。それが超越していることだ、と私は思います！

　今私はもう一度彼に会いたいです。私は大変変わりました。私は聞きたいことが増えました。

　世話役の一人と私が面会の際に昼食に出たとき、彼は私のことを見て、「ねえ、あなたはいつか、彼に話をさせたいと思うかもしれませんよ。」と言いました。私はまさにショットガンの両方の銃身に再び弾丸を込め、彼にそれを持たせ続けています。今私は、彼の側からそれについて知りたい。彼の観方はどうだったのかを聞いてみたい。

　被害者であることは、あなたが憎しみ、怒り、恥辱、罪の意識を持ち続けるので、あなたを頑なにするでしょう。そして、あなたを被害者としてしか見ずに、そのためあなたを優しく扱ってくれる人がいるので、被害者であることが

あなたを穏やかにするでしょう。あなたが決して自らの意欲をかきたてることもなく、その経験を超えて前進することもないので、そのことでも、あなたは穏やかになるでしょう。

　一度あなたがそれを超えて前進し、サバイバーになると、あなたは前進し続けなければなりません。人生には、あなたが前に進まなければならないときが来るものです。

ビオン・ドルマン

それは、
ピースをはめ込むやり方が
一通りだけではない
ジグソーパズルのようだ。

32 私の怒りが収まるまで 私は走ろう、と思いました。

　実際のところ二つの物語があります。最初の物語というのは、私の父の死から始まります。私は12歳でした。それで私は、父の死に責任があると感じていました。というのは、もし私が、病院にいる母に私が電話をした時刻に電話をせず、母を慌てさせることがなかったならば、多分母は父の熱を下げたであろうに、と思ったからです。それとまた母は、「なんであんたは父さんにメモを書かないの？」と言っていたのでした。私は父の病が重症だとは知らなかったので、メモを書きませんでした。

　それから私が13歳のときに、私の兄の友人が私をレイプしました。私は心の中で、これは私が父を殺したことへの罰なのだと思っていました。その後で、多くの激しい怒りが込み上げてきました。ささいなことで私はカッとなっていました。私は非常に精神的に懲罰的になり、よく自分で自分の体に切り傷を付けたものでした。私はまた自分のことをできるだけ地味にしようと努めました。彼が「おまえ、綺麗な目してるじゃないか」と言ったので、私は、私の眉毛と

睫を全部抜いてしまいました。私は決して誰にも話しませんでした。「もしこの問題をほっておけば、問題は解決するだろう」という感じでした。

　私の二番目の加害者が私に襲い掛かったときに私が最初に思ったことは、「何てこと。今度はこのことは告発します。」でした。そのあとで私は、こういう経験は消え去るものではない──ただ、悪化するだけだ──ということがわかりました。そこで私は、この秘密を隠したままにはしませんでした。二度目の暴行は本当に警鐘になりました。

　それは私が36歳の年、1985年に起きました。私の夫と娘と私とで、よくそうしていたように、州立公園に出掛けました。そして私は岸辺でのジョギングに出かけました。一人の男が走ってやって来て、私をいきなり捕まえると雑木林の中に連れ込み、レイプしました。彼は私のことを、特に頭部をかなり酷く殴打し、私の鼻を折りました。

　私が病院から帰宅した夜、私に脅迫電話がかかってきました。彼は何か卑猥なことを口走ってから、「おまえが欲しい。」と言いました。翌朝私は散歩に出掛けました。その時点で私は、私の加害者に対して、「ふざけんじゃないわよ」という姿勢を取りました。走ることは私の人生の不可欠な部分です。「あんたは、あんたが私にしたことがあるから、私が続けないだろうとでも考えているの。あんたは絶対に間違っている！」

　私は、絶えず反芻する期間を通り過ぎて来ました。それは丁度、エンドレスのビデオテープが頭の中で回転し続けていて、スイッチが切れないような感じでした。ですから私はスイッチを切る必要がありました。うまく行ったのは、私がシャワーを浴びている間、次のように言うことでした。「いいわよ。あなたはあなた一人で、ここの中でお慰め会をおやんなさいよ。自分を哀れむといいわよ。あなたがシャワーを浴びている間だったらいつまでも、起きてしまったことについて考えていたっていいわよ。そのために30分あげましょう。」私にはそれが健康に良いのかどうかはわかりませんが、私にとっては上手く行きました。

ペニイ・バーンツセン（PENNY BEERNTSEN）
あなたはあなたの人生を再構成しなければなりません。それはジグソーパズルのようなものです。私はかつては物事がかみ合う一つの方法がある、と考えていたものです。物事がその方法にそぐわないとき、世界はうまく調整できなくなりました。しかし今、一つのピースがこ

こでは上手く嚙み合わないとき、それはどこか別のところならば合うかもしれない、ということが私には大切なことに感じられるのです。鍵になるのは、そのパズルのピースがどこなら合うのかを見つけ出そうと努力することなのです。

　私が癒えるのに大いに役立ったのは、私を支えてくれた家族であり、友人たちでした。私は、本当に落ち込んでいたある朝のことを思い出します。私は朝刊を取ろうとドアを開けました。戸の間に、ヘミングウェイの「武器よさらば」からの引用が記された小さな紙片がありました。「世界はあらゆる人を壊します。そうして、壊された場所で強くなる人もいるのです。」そして私の夫は私の回復において非常に大きな存在でした。辛抱強さが足りない人だったら、私のもとを去っていたことでしょう。

　私は証人だったので、初日に証言してからは法廷に入ることが出来ず、私は荒れ狂いました。私はランニングシューズを履くのでした。ある日などは、私は20マイル走りました。私は、「私の怒りが収まるまで私は走ろう。」と思いました。大体は、怒りが収まる前に脚の方が参ってしまいました。加害者の有罪の判決が下ったときに私の娘が、「ああ、これで今やっと終わった！」と言いました。しかし私には、始まったばかりだとわかっていました。

　私は私のセラピストに、「もし彼が有罪の判決を受けないとしたら、私はもうおしまいです。自殺します。」と言いました。彼女は、「あなたは彼の被害者でした。岸辺で1時間の間だけ。今、被害者の役割に留まっているのか、あるいは、あなたがその経験を活かしてより強くなろうとするのか、どちらにするかはあなた次第よ。」と言ったのです。私は彼女をぶっ飛ばしてやりたいと思いましたが、彼女が正しかったのでした。

　私は自殺の遺書を書きました。私はミシガン湖の中に歩いて入っていって、低体温症が襲って来るまで泳ぐつもりでした。私は遺書を取って、家から岸辺までジョギングしました。往復で多分14マイルでした。私は現場に一人で行きました。私は彼が私をレイプした雑木の真下に立ちました。そして私はその遺書をすっかり破りました。それは本当に癒しになることでした。私は、「これでおしまいよ、スティーヴ。終わったの。もうあなたには左右されないわよ。」と感じたのを覚えています。

　私は彼が有罪の判決を受けたとき、私は、彼が責任は取らされるべきだと考えていたので、有難く思いました。しかし、正直、悲しいとも感じました。私

は、「何がいけなかったのだろうか。何故誰かが彼の問題に気付かなかったのだろうか。」と疑問に思いました。私は、彼の家族の生活がこのことによって永遠に変わってしまったということがわかりました。

　ある時点で私は私のセラピストに、彼はとても若くて、私の証言の影響は相当に大きくなりうるだろうから、証言しなければいけないことは負担だと語りました。彼女は、「あなたは、あの忌々しい奴を殺してやりたいと思って当然なのよ。」と言いました。彼女にしてみればそれで構わなかったかもしれませんが、そのことで、私との意思疎通の線が本当に切れました。私は、「いいでしょ。このことは彼女とはしないことにしましょう。」と思いました。

　レイプがあって2年も経たない頃、私は、あるスピーカーが、修復的司法について話すのを聞きました。「わあ何てこと。初めて私が加害者に対してどのように感じているのかがわかる人がいる。」と感じたのを覚えています。私が彼に怒りを覚えていないとか、彼が責任を取らなくても構わないと考えているわけではなく、彼に何が起こるだろうかが私には気懸かりでした。もし彼が入獄したときと何ら変わることなく出獄するとしたら、私たちは社会に大変な危害を及ぼしたことになるでしょう。そのスピーカーはまた、怒りを解き放つことと再構築の試みについても語っていました。私はまるで大変大きな重しが持ち上げられたようで、幸福感に浸りました。それは、私がそれについて私のセラピストと話をしようとしていたことでしたが、彼女はそれに耳を傾けませんでしたし、私の家族もそれに耳を貸しませんでした。

　私は、私の場合での被害者／加害者調停について考えてみました。しかし私の加害者は無罪を主張しているので、それをすると逆効果になるだろうとの助言をもらいました。私は、調停者になるための訓練を実際に終了しました。私は、処罰を受ける別のある若者を、彼が危害を加えた人々に彼の行動がもたらした衝撃を理解することを手伝うことによって、多分思いとどまらせることができたら良いと願いました。

　私が最初に刑務所で話すことを始めたとき、私は、性犯罪者対応グループに対して話をしていました。私は彼らが、彼らの行動と、彼らの被害者が経験したことの間の関連を理解するのをお手伝いしたかったのです。私は、この過程から、私がどれほど得るものがあるのか、ほとんど理解していませんでした！私はこれらの人たちが、彼ら自身の虐待について心を打ちあけて話し始めたのには驚きました。彼らの多くが本当に後ろめたさを感じていました。そして彼らが言ったことは、「可愛そうに、私は」ではなく、「私はずっとそこにいたの

ですから、私はあなたと気持ちが通じます。それから、私は振り向いて誰か他の人に被害を与えました。」でした。

　私の最初のレイプの後で、私は近所の小さな男の子のベビーシッターをしました。彼が男の子だったので、私は彼を傷つけたいと思いました。そんなことはしませんでしたが、その衝動はありました。ですから私にとっては、どこからこれらの加害者が出て来ているのかを理解するのは実に容易なことです。私たちは誰もが、殺人と情け深い行為をする能力があるのだと思います。私たちの中に、私たちが取っている癒しの道を取ることができる人がいますが、それは神の恩寵によっているだけなのです。

　これらの収監者の話を聞いていて、私は、彼らがどうやって生き延びてきたのかさえ不思議に思います。恐ろしい、恐ろしい話、機能不全の家族、支援なし。あなたはどうやってその損傷を取り消すことができるでしょうか。収監中に彼らに起きること故に、私たちは刑務所の内部で起きていることについて考え直す必要があります。私は究極の謝罪は再犯をしないことだと信じています。

　私の、被害者と加害者との仕事は、私が運命付けられていると感じるところです。私の人生で初めて、私は、私が誰なのかがわかります。私が誰なのかということは、私が妻であるとか、母であるとか、あるいは何であろうが、そういうこととは関係ありません。何か内面的なことなのです。もし誰かが私に1985年の時点で、私の癒しの一部は──私の癒しにとって肝要な部分は──重警備の刑務所の塀の内側で起こるでしょう、と言ったとしたら、私は、「あなた、頭がおかしいんじゃないの。」と言ったことでしょう。

　もし神が、「私に、あなたからこの経験を取り除いて欲しいですか。」と訊ねたとしたら、私の返事はどうなるだろうか、と私は、しばしば思いました。当初は、私は、「勿論構いません。そんなこと訊ねたりするまでもないでしょ。」と言ったことでしょう。しかし今ならば、その経験があってこそ今の私があるわけなので、私は、「絶対にだめです！」と応えるだろうと思います。

　それについては言っておかなければいけないことがあります。私は、「いやあ、自分が本当はどんな人間かがわかるかもしれないので、もし他の女性がレイプされたら、それは素晴らしいことでしょう。」ということを意味しているのではありません。しかし、私は、それが犯罪の被害者であろうと、大きな喪失感に苦悩するにしても、そのような経験は、私たちが私たちであることの、

不可欠なものになる、ということは強く思います。

　私が何も感じないときもありましたが、私の信仰心は大変強くなりました。洗足木曜日、聖金曜日（キリストの受難金曜日）とイースター早天礼拝は、私にとって本当に重要になりました。それは、キリストが私たちの身代わりに死んだということを思い出させるものとしてだけでなく、キリストが、今、どんな環境のもとでも私たちとともにあるのか、ということを思い出させてくれるものです。年が経つに連れて、そして、私が、より多くの加害者の話、被害者の話を聞くにつれて、私たちは皆、罪人であり、私たちは皆、欠けるところがあり、私たちは一緒にこの心の旅路の中にいる、という感覚が次第に募ってきます。途中で、私たちは、分岐した道を取ります。

　ある意味では回復という言葉が適切です。私は戻らなければなりませんでした。というのも、もっと早く処理しておかなければいけないことがあったからです。あなたがこのような経験を乗越えるとは、私は絶対に考えません。あなたはそんな経験を切り抜けますが、あなたが他の人たちの話を聞き、他の人たちがどのようにして似たようなことに対処してきたのかを知るとともに、あなたは成長し続けます。

　私は、私がレイプされた岸辺、そして誰かが焚き火をしていた岸辺に戻っていたという、面白い夢を見ました。焼かれている一把のうさぎがいて、そのうさぎの下側になった部分の毛が焼き焦がされていましたが、未だ生きていました。私の夢の中では、私がそのうさぎを救い出します。私はうさぎを火から解き放って、家に連れ帰り、看病して健康に戻します。私のセラピストはそのうさぎが私だと見ました。恐らくその夢の根底にある主題は、私が自分自身を救えたということかあるいは、私がこのような試練を切り抜けることができたということでした。あるいは、多分、私を助けて、看病して、連れ戻してくれるような他の人たちがいた、ということでしょう。

　私は自分自身を Velveteen Rabbit （ビロードのうさぎ:Margery Williams 著）のように考えています。その本は、あなたが皮膚を覆う毛を全部擦り取るまでは、あなたは本当のあなたではない、ということを語っています。私の皮膚を覆う毛の多くが擦り取られたので、私は本物です。私には今、自我の意識があります。

　私の経験は、一つ一つの鎖の輪は途中で切れているのですが、それぞれの鎖の輪は繋がっている、Ｓ字鎖のようです。これら異なっているすべてのことが起こっていて、初め私はそれが、思わぬものを偶然発見する能力だと考えました。今それらは、みな繋がっているように見えます。それは神の摂理のように

見えます。曲線があって、その鎖の輪の終わりが何なのかを見ることはできません。そして途中には障害物があります。そうしてあなたは最終地点に着きますが、すると、わあ何と言うことでしょうか、そこにはもう一つ別の鎖の輪があります。そしてあなたは前進を続けます。鎖の輪は閉じていません。そしてあなたの行く手には、良いことがあります。

ペニイ・バーンツセン

私の最初のレイプの後で、
私は近所の小さな男の子のベビーシッターをしました。
彼が男の子だったので、私は彼を傷つけたいと思いました。
そんなことはしませんでしたが、その衝動はありました。
私たちの中に、私たちが取っている癒しの道を
取ることができる人がいますが、
それは神の恩寵によっているだけなのです。

33 | 素顔のサンディは、恥ずかしさと憎しみと拒絶される恐怖感で一杯だった。

　私が幼い少女だったときに私の父が亡くなり、私の兄が私たちと一緒に住むようになりました。私は彼のことを大悪魔その人と呼んでいます。彼は私のことを酷く殴り、監禁し、近親相姦をしたものでした。私は逃げ出す方法を探していました。そしてある日、私は、私が、煌く甲冑に身を包まれた私の騎士だろうと思ったこの男に会いました。私たちは1年ほど付き合って、彼は私と結婚しました。

　結局この男は、私の家では、まさに悪魔そのものでした。彼は非常に暴力を振るったので、そこで私は家出を決心しました。彼は私の監視を始めました。1974年のレイバー・デイ（9月の第一月曜日）のある週末に、彼は私に電話をかけてきて、「お前は金曜日には死んでるだろう。」と言いました。それから彼は私の家にやってきて、私を意識がなくなるまで首を絞めて、ショットガンを至近距離で私の目と目の間のところに突き付けました。私の顔の半分を撃ち抜き

ました。目や耳は勿論のこと、私が今でも頭があることは奇跡です。神は私に、神の慈悲と栄光の証拠となる機会を与えたのでした。

　初めのうち私はあたり一面闇の、大きな虚しさの中にいました。しかし私は灯りを求めました。それは私が、私の外見がどう見えようと関係はない、内面では汚れがなくなり、欠けるところのないように感じなければならない、と決心し始めたときでした。

　眠りに就く度に、私は銃撃のこと、すべての光景についての夢を見ました。ある日病院で、私は、「もしあなたが実際に存在していて、もしあなたがそれほど偉大な神であるならば、これらの悪夢を私から取り除いてくれませんか。」と祈り始めました。私は神の存在を、安らぎをほとんど感じたのを覚えています。そしてその夢は直ぐに消えました。私は、「ここで何かが起きている。」と言い、聖書を読み始めました。私は、神の奇跡は実際に起きると実感し始めました。そこで私は、神の奇跡を実行に移そうと努力し始めました。

　ノーマン・ヴィンセント・ピール（Norman Vincent Peale）の著書 The Power of Positive Thinking『プラス思考の力』は私を目覚めさせてくれました。私は自分の内面を見つめ、真実と向き合い始めました。──彼は私を殺そうとしたにもかかわらず、それでも私はその男を愛しているということを知る慚愧の念。サンディは大きく、強そうに見えるが、素顔の彼女は、心の中では泣いていて、恥ずかしさと憎しみと拒絶される恐怖感で一杯でした。その本は、プラス思考の力について私を目覚めさせてくれました。どれほど否定的であっても、あなた自身の内面をみれば、あなたの力が見える。私はわかり始めましたが、一夜のうちに起きることではありませんでした。

サンドラ・(サンディ)・マーフィ（SABDRA (SANDY) MURPHY）
多くの活動家は「被害者」という言葉を嫌いますが、私たちがそうだということは真実なのです。そして私たちが生き残っているということは真実です。私は両方の言葉を使いたい。つまり、私は被害者であって、勝利を収めたサバイバーです。初め私は本当に、ゾンビ、歩く屍のような女性でした。今私は生きています。

　私は自殺願望に見舞われました。──私は入院中に自殺未遂の経験があります。しかし生きようという気持ちを衝き動かしたのは、私の子どもたちが私を見舞ってくれたときでした。私の母は子どもたちが必要としていたものではあ

りませんでした。子どもたちの心を落ちつかせるために、私は家に戻りたかった。

　医師たちは、私が私の顔を見ることを認めようとはしませんでした。よく彼らは、「大丈夫でしょう。」と言うのでした。それは嘘でした。真実が私には大切です。真実が、私が立ち上がって、「これは醜い、それでも私は生き残れる。」と言えるようになるのに役立ったのです。

　真実を伝えるのは、非常に大切です。それが、私が書いた本が扱っていることです。――真実を通して、心が洗われる、ということ。私は私の視点を通して、私の話を語っています。これがサンディに起きた真実であり、それが気に入らない人がいても私は気にしません。その本は黙っていることはできません*！

　それを書いているとき涙がたくさん出ました。そして、非常に苦しかったために4年懸かりました。私は、悪夢はすべて、望まれていなかった、厄介者の、母なし子である少女についてのものだということがわかり始めました。それは私の母についてであり、私は母から洗浄され始めました。私は嘘を教えられ、真実を言わないように、真実に生きないように言われて来ました。この本の中で私はすべてを語りました。その本を書くことで私は洗浄され、私は欠けていない自分を感じることができました。それは蝶々のようでした。私の魂が解き放たれたようでした。私は、「さあ、これで私の人生のワンステージが終わった。」と言えたときのエネルギーをいったいどのように表現したらよいのかわかりません。

　私は前の夫を赦しましたが、それは一夜にしてできたことではありませんでした。彼は刑務所で10年服役してから、今は、当地、この市のどこかで暮らしています。私は何年間も彼の殺人の画像を見て来ましたが、私が主を愛するようになるにつれて、私は、私が彼を赦すまでは、私には突破口は見出せないだろうとわかりました。

　私にとって赦しは苦悩を処理することを意味します。あなたが傷ついている限り、あなたは、赦しへの足掛かりさえ手にすることはできません。私は彼の肉体が傷つくことを欲しました。そして、そのことは私の精神を破壊していました。私が彼を赦したとき、私は自由でした。今私は、彼の魂が、そして、彼の精神が、彼が人々を傷つけるのを止められるように、新しくなるようにと祈ることができました。しかし赦しは、人を、苦難から免れさせてはくれません。彼らは償いをすることでしょう。しかし、償いを負わせたり、彼らが苦しむのを見たりするのはあなたの責任ではありません。

私は、私自身の人生を他の人たちを癒すために使おうと努力しています。何故ならば、人は、一度も苦悩を経験したことのない人に癒してもらうことはできないからです。私はラジオのトーク番組を持っていて、私は、キリスト教の家族療法をしています。私の聖職の一部は「Inside Out（裏表、中と外、徹底的に）」と呼ばれています。そして、私は刑務所の中に入って行き、癒しを行います。しかし私が他の人たちの手助けをするように、私は私自身への手助けをしているのです。

サンドラ・（サンディ）・マーフィ

＊　サンディの著書、Too Bad It Wasn't a Dream（「お気の毒に、夢ではありませんでした」）は、Fair Care Center, 3116 Telge, Suite D, Houston, TX 77054 にて入手可能。

医師たちは、私が私の顔を見ることを
認めようとはしませんでした。
よく彼らは、「大丈夫でしょう。」と言うのでした。
それは嘘でした。
真実が私には大切です。
真実が、私が立ち上がって、
「これは醜い、それでも私は生き残れる。」
と言えるようになるのに役立ったのです。

34 私の人生は非常に多くの点で変わりました

　私が訪れていた家に二人の少年がやって来ました。彼らは2丁の銃を持っていて、私に居間に行って、横になるように命じました。彼らは二人の間で、どちらがどの銃で私を殺すのかを話し合いました。それから彼らは引き金を引きました。それは至近距離でした。私はそれをはっきりと覚えています。私は死ぬまでそのことを覚えているでしょう。

　医師たちによれば、私が生き残る確率は2パーセントでした。私がゼロからすべてのこと——座り方、歩き方、飲み込み方、話し方——を身につけるのにおよそ1年懸かりました。あの少年たちは私から視覚を奪いました。そして彼らは私の右半身をも奪い取りました。私は今でも話すのと、歩行に支障があります。しかし私は、嘆き悲しむのにそんなに多くの時間を割いているわけにはいきません。

　私は私が望むような生き方を45年間しました。私は、私と息子たちとの、満ち足りた人生、大変素晴らしい人生を過ごしました。しかし、それからジャッキー・ミラーが亡くなりました。私は、私の親友を何人か招いて、私たちでジャッキー・ミラーの葬儀を執り行いました。今、私の人生は非常に多くの点で変わりました。私は私の人生を主として若者のために生きています。私は、学校で、刑務所で、拘置所で、若者に話をしています。私は週に2〜3回、拘

置所に行くようにしていますが、私はそれが好きです！　そして私は、司法、コミュニティの人たちにも話をしています。

あなたは私が変だと思うでしょう。しかし私は、善き主が私に「あなたは私のためにこのような小さなことをしてもらえるだろうか。」と話されたと信じています。主は私に、若者に話をして欲しいと、彼らに正しい方向性を指し示して欲しいと望まれました。私は、あらゆることが目的を持って起きると信じています。

人々は私の頭がおかしいのではないかと思っていますが、私にとっては、赦さないよりは赦す方がより易しいのです。私はこれらの若者すべてにとって母のようなもので、母がすることの一つが赦すことです。私は、クレイグとジョッシュを、彼らがしたことに関して赦します。それはかなり容易なことでした。彼らは一つの間違いを——そうです、それも、大きな間違いを！——しでかしたと信じています。間違いは間違いです。だからといって忘れるのですか？決してそんなことはありません！

私の頭を撃った方のクレイグに対して私は、母のように感じます。私は彼と面会しました。そして私たちは、3時間話したに違いありません。私は彼に、彼が私にしたことを見て欲しかった。私は彼本人と直接会いたかったし、私は彼が謝罪するのを聞きたかった。私は謝罪を求めませんでしたが、私は彼が謝罪をすることを願っていました。彼はしました。それで私は受け容れました。そして私は彼を抱きしめる許可を求めました。私は彼が多く抱き締められたことがあるとは思えませんでした。私は彼を、母親が彼女の息子を抱きしめるように抱きしめました。そしてそれから家に帰りました。彼本人が私の真向かいに座っているのを見、彼が「ご免なさい、すみません。」と言うのを聞くことは非常に重要なことでした！もし私が彼に会っていなかったとしたら、私の人生を続けて行くことはもっと難しかったことでしょう。

ジャクリーン・M・ミラー（JACQUELINE M. MILLAR）
私は1995年11月4日に死にました。そしてそれから私は復活しました。主は、「多分あなたは、一人の若者を思いとどまらせることができるでしょう。もしあなたがあなたの話をすれば。」と話されました。

ジョシュに関しては、状況が違います。私には未だわかりません。私は彼には彼の2回目の公判のときに会っただけでした。私は彼の誠意についてそれほど確信は持てませんが、彼は彼の判決のときに私に謝りました。私はこれまでのところ未だ彼に会いに行ってませんが、恐らく行くでしょう。
　司法制度については――警察官と州検察官は素晴らしかったですが、彼らは一度くらいは黙って、私たちの言うことに耳を傾ける必要があります。彼らは被害者に対しては「シー」と言いますが、加害者に対しては、「言いたいことは何でも構いません。」です。そういうのは公正には見えません。私たちは、何もできないおバカさんではありません。私たちには良い考えがあります。彼らは黙って、被害者の声を聞かないといけないのです！

ジャクリーン・M・ミラー

> あなたは私が変だと思うでしょう。
> しかし私は、善き主が私に
> 「あなたは私のために
> このような小さなことをしてもらえるだろうか。」
> と話されたと信じています。
> 主は私に、若者に話をして欲しいと、
> 彼らに正しい方向性を指し示して欲しいと望まれました。

35 | 私には、私の両手が、彼の喉の周りに伸びて行き、彼を殺しているのが見えた。

　このような経験をするとあなたは、あなたの魂の最も深い部分、あなたの最も深いところにある直感に深く触れて、あなたの最も深いところにある核心が顕になります。もしそうでなければ、超越は起きません。

　1993年、二人の19歳の見ず知らずの人間が、私の妹のアパートに押し入り、彼女の車と13ドルのために、彼女を殺害しました。どちらも死刑判決を受けました。男の方は、その後エイズで獄死し、女は今尚、死刑監房囚です。

　私の妹と私はとても小さいときから心が通じ合っていました。私はいつでも彼女の面倒をみていました。ですから、彼女が酷く苦しめられ、殺害されたとき、私は本当に衝撃を受けました。私は何も手につかず、精神的にまったくボロボロになってしまいました。私は眠らず、食が進まず、集中出来ず、仕事ができませんでした。私は重症の臨床的鬱病になりました。私は1984年にも鬱病になりましたが、このとき程ではありませんでした。これは私にとって、自分で自分がどうしようもないと実感した、最初のトラウマ的体験でした。

　1994年1月、私が、言わば証人としてのもう一人の人に手紙を書き、「私は私の意志を神に委ねます。」と書いたときに、決定的な瞬間が訪れました。基本的には私は自分の意志を委ね、私の誇りを捨て、それで私は、心の旅路に発

ちました。次の段階は、およそ2年後に聖書の勉強中に私が神の豊かな愛を実感したときにやって来ました。私には二人の息子がいますが、私は私がどれほど彼らを愛しているかがわかりました。しかし、私は、神の愛はそれよりも偉大だということがわかりました！　そこで私は、神の愛を受止めることに専念しました。

私はカトリックとして育てられ、この間ずっと教会に通っています。しかし神の愛を実感したことは、その後を決定付ける瞬間でした。それで私は一段階段階が高められ、それから私は受容——あの殺人事件を含めて、私の人生で起きたことを受け容れること——の期間を経験しました。

殺人から11ヶ月経って、その男が法廷に出廷したとき、私は激昂していました。私は法廷で彼を見つけると、彼に向かって歩き始めていました。それは私がある種の異次元にいるようでした。私は、私の両手が、彼の喉の周りに伸びて行き、彼を殺しているのが見えました。私は彼から20フィート（約60センチ）も離れていないところにいました。すると私の内なる声が、「止めろ。おまえには妻と二人の子どもがいるじゃないか。止めるんだ！」それをやってしまったかどうかは私にはわかりません。しかし、相当に充分に激昂していました。ですから彼を殺そうと思えば殺せました。

ジョン・セイジ（JOHN SAGE）

私にとって鍵となったのは、ほっとくこと、私の人生におけるコントロールを——あるいは、私にはコントロールができると考えることを——ただ諦めようとすること、そして、自分の人生のために神の意志を探すことでした。そうすることで私は、私をより良き場所に導いた、心の旅路に発つことができました。

神に委ねてから4年ほど経って、私は、私が加害者二人をを赦していたのだということがわかりました。女性の加害者の処刑日定が決まって、「20/20」というテレビのショー番組から電話がかかって来ました。「今回の死刑執行で興奮していませんか？」と聞いてきました。「いいえ」と言って、電話を切ったとき、私は、電話のやり取りの中で私は腹を立てようとしたのですが、できなかった、ということがわかりました。私はこのことにすごい開放感を感じました——私は頭に来ていないじゃないか、私は激怒していないんだ！

この赦しは、神のより傍近くを歩んだ結果であり、私の心の旅路の結果とし

て現れた恩寵でした。それはほとんど最後の段階でした。多くの人々がもっと早く赦しているのは知っていますが、もしあまりにも早く赦してしまうと、それは問題を起こすこともあり得ると私は考えています。

　次の段階は、この経験を取り入れて、他の人々を助けるためにお役に立つことでした。私は、被害者が刑務所に来て、加害者——その被害者を襲った当の加害者ではなく、同じような罪を犯した加害者——と会うことが内容になっているプロジェクトに招かれました。私は、それまでの人生で、あれほど共感するところが少ない人々のグループに会ったことはありませんでした。しかし、私はいろんなことが起きるのを見ました。参加者の人生は90日の間に変わりました。私は、人々が、それまでは決して誰に対しても認めなかったことを認めるのを見ました。

　今私は、これに似た、被害者／加害者出会いプロジェクトの調整をしています。そしてまた私は、刑務所での社会復帰クラスも担当しています＊。

　私は被害者と一緒に仕事をするのが好きです。私は受刑者と仕事をするのが好きです。私はこの仕事の精神的な側面が好きです。それは私の聖職活動です。もしあなたが私に、妹の殺人の後に、私がこんなことをしていると言ったとしたら、私は、「あなたは頭がおかしいんじゃないか。そんなことはとうてい私がやるようなことではない！」と言ったでしょう。

ジョン・セイジ

＊ Bridges To Life（命への架け橋）は、凶悪犯罪の被害者を刑務所に招き、出所が間近に予定されている収監者の志願者と、12週間にわたって、交流するプログラムです。
Bridges To Life の住所は：12727 Kimberley Lane, Suite 303, Houston, TX 77024　電話：713/463-7200

> このような経験をするとあなたは、
> あなたの魂の最も深い部分、
> あなたの最も深いところにある直感に触れて、
> あなたの最も深いところにある核心が顕になります。
> もしそうでなければ、超越は起きません。

36 | 私は怒った、そして、多くの怒れる人々と連絡を取った。

　1985年に私は、私の前のボーイフレンドに強姦されました。彼は私の首をへし折り、私は不随になりました。私は祈り、私の神への信仰に縋り、そして私の体に幾らか感覚を取り戻し始めました。それは神の恵みでした。それでも、私はこの15年間車椅子を使っています。

　私はここヒューストンで、凶悪犯罪の全被害者のために尽くす最初の組織を結成し、1989年から1994年まで会長を務めました。

　この地には、私のような人々に関する問題解決に取り組む組織がありませんでした。私たちが仮出所の手続きの中で発言することは大切です。私にとって、私は私たちの加害者が一時帰休で出所して当然だとは思わない、ということを言えることは重要でした。私は、それは恐ろしいことだと思いました。私には一時帰休などなかった。私に危害を加えた人物が、仮出所を否認された後で、一時帰休で出所しました。そして私は、彼が私の友人に連絡を取り始めなかったとしたら、それについて私は何も知らなかったでしょう。私は、彼が私の玄

関に立とうとしているのかどうかについて、心配する必要もなく、私自身の町の中を動き回れる自由が私にあることを確認したかったのです。今私たちは、昼でも夜でもいつでも、自由に長距離電話をかけて、私たちの加害者がどこにいるのかを正確に見つけ出せる機会が与えられています。

　私は「何故」を経験しませんでしたし、私は私が神のことをいくらかでも怒っていたとは思いません。いろいろなことが起きるものなのです。それがまさに人生とは何かということです。私は決して「泣く」ことも経験しませんでした。私にはその説明はできせんが、私は私自身を決して気の毒だとは思いませんでした。私は、何が起きたのか、どうして起きたのか、についてこだわらないようになりました。ある意味で私は赦したのだと思います。というのは、私にとっては、それはもうすんでしまったことだからです。赦すということは、起きてしまったことは構わない、と言うことではなく、その地点から出て、前進する過程のことです。

　私はこうしてずっと車椅子に座っているために、私は多くの素晴らしい人々に出会いました。それに私は多くの人々のお手伝いが出来ています。私たちはこの世に、お互いに尽くすためにいるのです。そうすることが、人生に意味を持たせていることなのです。

パトリシア・ロバーツ・ゲイツ

パトリシア・ロバーツ・ゲイツ（PATRICIA ROBERTS-GATES）
私が入院していたとき——私にはそれが錯覚なのか何なのかわかりませんでした——私は、空に舞い上がって行くように思えました。私がかなり高いところに達したとき、声がして、私にはまだ資格がないので、これ以上先には行けないと伝えました。思うに、私は違う人になって戻って来ました。そのときはまだ私が天に召されるときではありませんでした。私には他にしなければいけないことがありました。

37 | あなたはすべての小さい数字を手にしている。しかし、そのどれもが役に立たない。

　大雑把に言えば、実に単純なことです。つまり、あなたの人生のあらゆることが変わるのです！すべてのことが、逆様になります。あなたが朝起きてから、夜眠るまで、一つとして同じものは何もありません。あなたの人生は二つの部分——B.C. と A.C.——犯罪（Crime）前（Before）と犯罪（Crime）後（After）、に分けられます。そしてあなたは怒ります。あなたは、人生が以前と同じようになって欲しいと思います。それはあなたが、「神様、ただ私が目覚められますように。」と考えるときです。

　1986 年、私は 43 歳で、オースティン市を見下ろす美しい家に住んでいました。私は安全で安心だと感じていました。それはレイバーデイ（9月の第一月曜日）の週末でした。私の娘は大学に通うために丁度引越ししたところで、私の息子は、夜はどこか別のところで過ごしていました。朝起きて私はシャワーを浴びに行きました。私が、シャワーを終えてバスローブを取ろうと歩いていたとき、私は、忍者衣装を身に纏った一人の男の人に気付きました。彼はおかしな小さなブーツに手袋、それにターバンを身につけていました。眼を除く全身が覆われていました。彼の頭上に上げられた彼の手には、大きなナイフがありました。私が最初に直感したのは、これは冗談ではないか、ということでした。

それから私は、それが冗談でもなければ夢でもなく、私がとんでもないどうしようもない苦境に陥っているということがわかりました。
　彼は私を殴り倒し、両手両足を縛り上げ、目隠しをしました。そしてその後1時間半にわたって、私をレイプし、刺しました。私は彼がゆっくりと部屋を歩き回るのが感じられました。そして彼はよく喋りました。彼は信じられないほどの量の怒りに溢れていました。彼は私の胸、首を刺し、ハンマーでナイフを私の頭蓋骨に打ち込んだのです。それから彼はハンマーで私の頭を殴り、私を死んだものとして捨て置きました。私の頭を元通りにした形成外科医が言うには、8〜10箇所の刺傷があり、何百という縫合をした、ということでした。
　すべてのことが対応するのも恐ろしいことでしたが、屈辱のために恐らくレイプが最悪でした。私はあらゆる点で――肉体的、感情的、精神的、性的に――徹底的に剥ぎ取られたと感じました。私は、私が、愛されない、触れてはならない、一種の捨て去られた人間になったように感じました。
　被害者であるということは、あなたが卑屈に感じるために、大変屈辱的です。常に幾分かの自己非難があります。私たちはいつでも、私たち自身が、こういうことを私たちにもたらしたかもしれないのではないかという方法を何百万と見つけることができるものです。私は、私が私自身を被害者としてお膳立てをしていたのではないかと考えました。しかし私は、私自身の風呂場にいたのです。私が、まずいときに、まずい場所にいたとは、私には言えません。あなたは、あなたが状況を掌握することができて当然だったと感じるでしょう。

エレン・ハルバート（ELLEN HALBERT）
私が癒しの心の旅路でやった仕事を――私は実際すごく良い癒しの仕事をしました――私は本当に誇りにしています。私は大変それを誇りにしているので、私はそれについて話すことが好きです。そして私はいつも、多分誰か他の人がそれを分かってくれると考えています。しかし私はまた慎重でもあります。というのは、誰もが私がやったのと同じように癒えることを期待はできないからです。

　それから、あなたのもっとも個人に属する部分である、性の問題があります。暴行が性と何ら関連がないっことはわかっています。私を縛り上げて、私をあっちこっちと動き回らせて、私に向かって金切り声で叫ぶことは、力に係わることです。しかし、あなたが、あなたが愛する人と分かち合う、あのあなたの最も特別な部分が奪われるということは、大変恥ずべき、屈辱的なことです。

私がいろいろな場所に出かけるとき、私は誰もが私を指差しているように、この大きな朱色の「R」——レイプ（Rape）被害者——が私の額に入墨されているように感じました。それから癒えるために私は私の全ての力を身につけなければなりませんでした。そして最終的には、私は変身しました。今私は、そのことについて、また、どのようにして、神によって私が生き延びて、以前に比べてずっと強くなっているのかについて語れます。それも成り行きです。あなたは恥辱を誇りに変えます。

　もしあなたに起こったことはまったくあなたの落ち度ではない、と身の潔白が証明されるならば、あなたはそれほど多くの屈辱に耐える必要はありません。これは、被害者が、彼らの身の潔白を証明する何らかの解決策に至るための、多くの情報を得ることを意味します。それは私にとっては、最も苛立たしいことでした——私はまったく情報がありませんでした。私は今でもそのことに憤慨しています。

　私は入院中、神にとても腹を立て、私が罰を受けているのは、私がした何百万ものことのうちのどれのためなのだろうかと考えをめぐらせていました。たとえ私が常々神の子のように感じ、神に愛されていると感じたにしても、私は、私に起きたことは、私が受けなければいけないことなのだと感じました。しかし、神が私を罰しているのではない、ということが私にわかるまでには、それほど長い時間はかかりませんでした。結局私は、私は生き残ったのだから、どこからか力を得たのだ、とわかって、全く生まれ変わりました。神を問いただす代わりに、私は、私にどこからか力を与えてくれたことで神に感謝し始めていました。神を問いただす代わりに、私は、私に生き残る力を与えてくれたことで神に感謝し始めていました。私は、私の信仰は癒しの過程で、強められるだろうと信じました。

　幸運にも私は、私が生き残れたのは、内面で私が怒りによって消耗しつくされていないことに因るものであったと理解したと思います。もし私がこの男を赦さなかったら、怒りが私を完全に破壊することになったでしょう。私は赦しを大いに信じていますが、私はどこかに行って、「私はあなたを赦します。」と言わなければならないとは考えていません。赦しは、私がそれらの言葉を言ったということではなく、まさしくそのことの私の感じ方でした。それはあなたがあなた自身にとって必要とする何かなのです。

　私は、私の癒しがもう一人別の人を介してなされたと言うつもりはありません。と言うのも、そうではありませんでしたから。しかし私は、私の話を好ん

で聞いてくれて、私をとても特別に感じさせてくれた素晴らしい人に出会いました。私には、愛してくれる家族なしで、どうやって人は凶悪犯罪から生き残るのかわかりません。私はグループを介しても多くの助けをもらいました。2ヶ月経って私は私のカウンセラーに、「私は頭がおかしくなっていると思います。私に正気を失っています。」と言いました。彼女は、「支援グループの出番ですね。」と言いました。そこは素晴らしいところでした。私は彼らに、私は正気を失っていると思ったのでここにきました、と話しました。彼らは、「ああ、私たちはみんなそうだったんですよ。」と言いました。

　暴行があってから1～2年して私は、被害者週間に州議会議事堂の階段のところで演説をするよう依頼を受けました。私は、小さなグループに、ちょっと話をすればよいだろうぐらいに考えていました。私がそこに着くと、テレビカメラが何台もあり、あたり一面には椅子が置かれていました。みんなそこにいて、私は基調講演者だったのです！　私は完全に恐れをなして危うくそこから逃げ出すところでしたが、それは、単一の出来事としては私に最も力を与えてくれたことでした。聴衆は私が言わねばならなかったことに大変興味を持っていたので、私はただただ面食らうばかりでした。それから私は、話を聞いてもらえる機会を探し始めました。

　1991年には、私があまりにも煩く言ったので、アン・リチャード知事の目に留まりました。彼女は私を、テキサス州刑事司法委員会の最初の被害者委員に指名しました。私は刑務所の巡回を始めました。そして私は目にしたことに物凄く苛立ちを覚えました。私は私たちがしていることを信じることができませんでした——二人用のこんなに狭い空間が人を癒すと考えられていたのでしょうか。私は何か他のことを探し始めました。そのとき私は、修復的司法について話しを聞きました。そして私にとってはそれが正解でした。

　私は何もかも変えたいと思っています。私は被害者により良いものを求めています。それは今起きつつありますし、私はそれに対する情熱があります。しかし、反対側、加害者の側には、まだ起きていない事柄があります。私は、刑務所制度が良い方に変わって欲しいと思っています。私たちの処罰の仕方に非常にいらいらを募らせています。

　私にとっての正義というのは、大変異様なので、私たちの刑罰の制度では決して起きないだろう代物です。加害者は刑務所にいくでしょう。そして収監中に彼に救いの手を差し伸べて、彼の女性に対する怒りや憤激について彼と一緒になって取り組むことになるでしょう。私はこの作業を通じて、この男の魂の

中に、救おうと思えば救える何かがあるのかどうかを突き止めてもらいたいと思います。恐らくないのでしょう。しかしないならないで私に、それを証明しなければならないでしょう。神の創造物のほとんどすべてに、善の閃きはあるもので、もし私たちがそれに正しい類の燃料を充分に与えれば、それは大きく育つものなのです。

　私をこんな目にあわせた男は逮捕され、彼が19歳になる直前に裁判が行われました。彼は終身刑、といってもテキサス州では、およそ20年ですが、の判決を言い渡されました。私はよく彼のことを訝しく思います。彼は信じられないほどの量の怒りで一杯でした。彼が収監されてから、彼は真に凶暴なので、ほとんどの時間、厳重な監禁状態にあります。彼が凶暴なのは、彼が半分黒人で半分白人だからなのでしょうか。あるいは彼が怯えているからなのでしょうか。あるいは彼は本当にただ腐った人間なのでしょうか。私は私の風呂場で悪魔に会ったのだとよく考えていましたが、私にはわかりません。多分彼は、彼の環境の単なる産物でした。私をこんな目にあわせた男について問い質したいことがたくさんあります。

　ある会議の席で、私は一人の女性が、酔っ払い運転で彼女の妹を殺した人と一緒の場で話をするのを聞きました。彼女たちは調停を済ませてからそのことについて話すようになりました。彼女たちは癒しの場に到達できたということ、聞きたいことはすべて聞き出せたということ、そしてそれぞれが相手の人生を知ることができるようになったと知って、私はある意味で、彼女たちを羨ましく思ったのを覚えています。私は会場を後にし、通りを歩きながらそれについて考えたのを思い出します。私はそういうことを求めていました。そういった質問ができることを求めていました。私は、被害者／加害者調停プログラムに頼んでみました。彼らは私の加害者に話をしました。彼は拒絶しました。参加するには、彼は自分の罪を認めなければならなくなるので、気が進みませんでした。しかしそれでも尚私は、いつか、彼が赤ん坊だったとき彼はどんなだったろうかを突き止められることを願っています。私は、彼がレイプと殺人をするために生まれたのではないということを確信しています。私には気になるのです。私は常に、どこで社会は彼を失望させたのかを知る、この必要性に駆られて来ました。

　私たちが辿っているこの心の旅路を、金庫を開けようとしていることになぞ

らえて表現した人がいました。あなたは細々とした数字は全部手にしてるので、それらを取り出してみます。しかし、そのどれもが役に立ちません。何故ならば、それは人生を生き抜く古い手法だからです。今や新しい手法があるのですが、あなたには本当にそれが何なのかはわかりません。あなたは新しい秩序を作り出さなければなりません。私は私の人生をある別の類の人生の中に再構築しました。私は生きていることに胸をわくわくさせています。そして私は私の人生にまったくといってよい程非常に満足しています。それはほとんど怖いほどです。私はずっと *blessing*（神の恵み）よりもより良い表現を使いたいと思い続けていますが、それが私の気分なのです。

　私にとって人生は最近、実に奮い立たせる心の旅路です。私は私自身について学びました——そして私の周囲にいる他の人たちについても——人は、最も信じ難いような心的外傷からでさえも癒えることができる信じられないような能力を持っているということを。それは本当に素晴らしいことです。私は再びこんなことを経験したいなどとは思いません。しかし私は、私の風呂場で起きた、おぞましい、恐ろしいことがあったが故に私が持った機会を本当に神に恵まれたものだと感じています。

エレン・ハルバート

　　　もしあなたが、あなたに起こったことは
　　　まったくあなたの落ち度ではない、
　　　と身の潔白が証明されるならば、
　　あなたはそれほど多くの屈辱に耐える必要は
　ありません。これは、多くの情報を得ることを意味します。
　　それは私にとっては、最も苛立たしいことでした——
　　　　私はまったく情報がありませんでした。
　　　　私は今でもそのことに憤慨しています。

38 みんな私のせいだ。そして私は能無しだ。私は汚れている。

　私の心の中には薔薇の絵があります。それは青色をしていて、一つだけ蕾がついています。私はそれが開花しているのを眺めます。そしてそれは違っているので、ある意味ではユニークなので、青色をしています。それは癒しと成長に関して私に役立つ隠喩です。

　私の話がそれ程ユニークということではありません。何故なら、多くの人たちが、そのようなことは経験しているからです。あなたはいろいろな話を知っています。最終的にはそれらはどれも同じです。悪はまったく陳腐で、想像力に欠けています。

　私は私の父に肉体的に虐待されました、そして性的虐待を何人かのおじたち、兄弟、そして父から受けました。あなたが想像のつくありとあらゆる虐待が続きました——なでまわしのようなものから非常に暴力的な暴行、レイプまで。

　私はまた定期的に繰り返し行われる虐待の被害者でもあります。その多くは野外で火を囲んで行われましたが、私には、火の中から生き物が出て来るのが見えます。私が覚えていることの中には実際にはないこともいくらかはあることは私にはわかっています。それらは悪魔的か、あるいは、私に対して行われたことに答えを見つけるために私の心が創り出した怪物のようでした。私には、どうしてそう問題になるのかはわかりません。要は、それがトラウマ的であっ

て、私を傷つけたということです。

　際立っている事件がいくつかあります。一つは、私の父が私をレイプしたときの父によるひときわ凶暴な暴行でした。私は、その日、私の中にある何かが死んだように感じました。それで私は人生と約束をしました。私は金輪際誰も信用しないし、誰を愛することもしない、と。その晩、私は懐妊しました。私は15歳でした。私はだいたい妊娠5ヶ月で流産しました。私が妊娠したことを誰も知りませんでしたし、誰も私が流産したことを知りませんでした。それは、私が思うに、私にとって、私自身を救すという問題を見つめる必要性を最も強く感じた時の一つでした。もし私が誰かに話をしていたら、とか、もし私が自分の体をもっと大事にしていたら、赤ちゃんは死ななかったかもしれない、とか私はいろいろと考えました。最近になって私が、私のカウンセラーであるデイヴィッドにこのことを話したとき、彼は私を彼のボートで連れ出しました。彼と私だけで、赤ちゃんのための慰霊式をしました。それは信じられないような経験でした。正当性が確認されました。あの子どもの人生は意味があったのでした。

　私が持っていたものの多くは、典型的な虐待の要因でした。みんな私のせいだ。そして私は能無しだ。私は汚れています。そう考えることが虐待の要因となったのです。私は10代のとき何度か自殺未遂をしました。自己信頼は大変大きな問題でした。私は何度も何度も何の役にもまったく立たないと言われていました。あらゆる異なる脅しや嘘があなたの心を捻じ曲げます。不思議な方向転換があって、今私はカウンセラーとして、人々に私がとても長い間聞く必要があったことをすべて話しています。

ゲイル・マクナブ（GAYLE MACNAB）
何年も前のことですが、ある朝頭に、まるで大きな声で言われているのを聞くようにはっきりとした考えが浮かんで来て、眼を覚ましました。「彼らは私の人生の半分を奪った。私が残りの半分を彼らに与えるなどということがあってたまるものか。」私が好きな聖書の中の言葉の一つが詩篇（旧約聖書）84にあります。そこには「私は私の心を巡礼に就かせました。」とあります。まだまだ迷ってしまうこともありますが、私はそのとき、この心の旅路に就きました。

　私は私の頭の中に幾つかの箱を作って、その中に私に起こった嫌なことを入れて、蓋をしたことをとてもはっきりと覚えています。何年間も私は完全に別

の空想の世界を持っていました。現実の世界で事態が厳しくなると、私はその世界まで飛び越えて行って、外からは開けられないそれらの箱の中に隠れました。それはとても異なった世界でした。私はいろいろと違った名前を持った違う人間でした。すべてが違っていました。それは私自身が作ったものでした。しかし私がどちらの世界にいれば良いのかの選択が出来なくなる事態になりました。どちらの世界も壊滅的な状態になりました。両方とも常軌を逸するようになりました。そして私は最早どちらの世界にいるのかがわからなくなりました。それから私の癒しにおいて大変劇的な局面が訪れました。

　私はクリスチャンになりました。そして祈りを捧げている間に私は、それらの箱は、私が行ってはいけない場所だということを感じました。その瞬間私は、そこにはもう行かないという決心ができる力を私は持ったのだ、そして、もし私がその決心をしさえすれば、私はそんなことから自由になれると感じました。私は文字通り神と議論をし、「しかしそれでは私が始終この現実の世界にいなくてはいけないということになります。」と言ったのを覚えています。私は現実の世界に留まる決心をしましたが、そのことで私は神に本当に腹を立てたことを覚えています。私は16か17でした。

　私は、私に起きたことは私にとっての、神からの贈物にもなれるし、不安の種にもなり得るということ、そしてそれを選べるのは私しかいないということがはっきりしました。私は私に起きたことに決して感謝はしないでしょうし、この経緯を再び選ぶことはないでしょう。しかし私はそこから学んだこと、それが私に与えた、神からの贈物、ものの見方、思い遣りの心には感謝しています。そして途中で私は本当に驚くべきことをいくつか経験しました。最も大きな驚きの一つは、私の心の中での加害者への変化でした。加害者サイドへの希望と関心を持つことに私が方向転換したときに、たくさんのことがまさしく私にとって解き放たれました。加害者とのあの私の最初の面談で、私が部屋に歩いて入って行き、そこの人々をみて、私は彼らを憎んではいない、ということを実感したとき——その日は私の心に永遠に刻み込まれるでしょう。

　私が、私のカウンセラーのデイヴィッドもまた加害者と一緒に仕事をしているということを知ったとき、私は、「あなたはどうやってそんな人たちと一緒に仕事ができるのですか？」と言いました。でも結局は、私は彼と一緒に刑務所に行きました。そして私は怯えていました。たくさんの事柄が私の心を通り抜けました。私は、神が私の中になしたことについてと、救しについてのクリスチャンの信仰を持っていましたが、それでも私は、「この人たちのすること

を私は憎みます。私は彼らも憎みます。」と思いました。私は彼らを獣のように憎みたかった。それから私は歩いて部屋に入って行き、ビジネスミーティングでも開けそうな男性のグループを見ました。私が彼らの話を聞けば聞くほど、私は彼うのために痛み、一層、彼らの痛みを感じました。

　彼らは皆私に、何のために刑務所にいるのか、どんな刑の宣告を受けたのかを話しました。私は彼らに、被害者になるということはどのようなものなのか、私にはどんな後遺症が残ったのか、そしてそれは、たとえ私にとっての癒しがたくさんあったにしても、まったく消え去ることはないということを話しました。私は、「あなた方が知る必要があるのは、後遺症が人の魂や精神にどんなことをするのか、ということです。」と言いました。私は、「これって復讐なのかしら？私は彼らに後遺症がどれだけ酷いものなのかと言うことによって、恨みを晴らしているのだろうか？」と考えたのを覚えています。そして私は、「私はそうは思わない。」と考えました。私は彼らにそのことを聞いて欲しかった。私は彼らにそれがどれほどつらいのか、そしてそれがどういうことを及ぼすのかを知って欲しかったのです。

　面談の終わりに私は、私の内面での以下のような闘いについて話しました。「私はあなたがたみんなを憎みたかったのですが、私にはそうできません。私はあなたがたに対して思い遣りの気持ちを感じたくありませんでした。」するとそこで一人の男性が大きな声で「私はあなたに私を好きになって欲しくない。あなたには私を憎んで欲しい。」と言いました。そして私は、「あなたに対して私にはそうはできません。」と言いました。彼らは私に、彼らを怒鳴って、金切り声を浴びせて欲しかった。そして私にはそうはできませんでした。私は彼らに、そうすることがいかに私を癒すことにならないのか、そして、そうすることの中に、彼らに対する癒しはないだろうということを、説明しようと努めました。それは私がやりたかったことではありませんでした。

　私は、私が刑務所でしたことが刑務所の人たちの役に立てるということを、想像できませんでした。それが彼らにとって重要であろう、ということが私には思い付いていませんでした。これは私にかかわることでした。しかし私は、それがもっと私のこと以上であるということがわかり始めて来ました。それは驚くべきことでした。

　私は、私の実際の加害者に対しては違った感じ方をしています。何故そうなるのかと言えば、これまで彼らは一度も事実関係を認めず、何も白状していないから、というのが大まかな理由です。それは私が何とかすれば調整できると

いうものではありません。しかし、私が、彼らは変われない、と信じている限り、私は依然として怒っていました。そしてそうするには多くのエネルギー、たくさんの集中力を必要としました。今私は最早、そうする必要はありません。

　私はこれが赦しであると、あるいは少なくとも、赦しの一部であると、呼んでいます。私が赦しについて話すとき、私は何が赦しではないかについて話します。赦しとは、「大丈夫」とか「苦しくありません。」とか言うことではありません。私は、牧師やクリスチャンが、「もし未だ苦しいようでしたら、あなたは未だ赦していません。」と言うのを聞いたことがあります。それはナンセンスです。私が虐待されたということは、いつでも私を怒らせるでしょう。それは常に苦しいことでしょう。では何が違っているのかと言えば、それが私を衝き動かす力にはならないということです。

　赦しというのは、人は説明責任を負わなくてもいいということを決して意味しません。人々を法廷に連れ出すこと、あるいは、彼らに説明責任を取らせるために今あるどんな司法制度にせよ、それと直面することは、赦すとか赦さないということはまったく関連はありません。赦しというのは、私が彼らに私の感情を損なう機会をもう一度与えるということも意味しません。私は、それが、私が彼らをまた信用しなければならない、ということを意味するとは信じません。

　赦しは私にとっては思いわずらうことがない自由を意味します。私が未だ赦すことができなかったとき、私は絶えず、「五分五分になるための方法がなければならない。私は何らかの報復をしなければなりません。」と考えました。しかし何をしても仕返しにはならないでしょう。ギャンブルの掛け金はいつでも相手側で吊り上げられます。つらいところは、被害者は、それを受け入れるしかないということです。でもそれはフェアではありません。

　赦しは、常に関係が修復されるということを意味するわけではありません。何故ならば私は、それが時には可能だとは思わないからです。私は、調停を時期尚早に、あるいは、セイフティ・ネットがない状況で、無理矢理進めようとする人々には大変な憤りを覚えます。それは馬鹿げたことだと私は思います。そして私は赦しは、一度でできるとは思いません。それは過程を経てのことです。

　もし私の父かおじ——実は、私のおじは今では亡くなりました——あるいは私の兄たちが懺悔するというのであれば、赦しのもう一つの段階か、次元が展開するかもしれません。私の父さんが恐らく、私が赦すのが最も難しい人物で

しょう。私が彼の顔を引き裂くことができる日があります。彼は最早口もきけない、車椅子に乗った、ちっちゃい老人です。それでも私の心臓は今でも、私が彼を見るとき、彼の回りにいるとき、息を殺しているように感じます。私は、苦悩の深さが依然としてかなり深い時を経験しています。しかし私は彼を憎むでしょうか。いいえ、私は彼を憎みません。私は彼を見て、彼を可哀想に感じます。彼は、非常に多くの人々から自ら疎遠になったため、彼はそのホームに独りで座っています。

　私は私の話を始終、あるいは多くの人たちに語る必要はありません。しかし、誰か話を聞いてくれる人が必要でした。そして私は本当に、話を聞いてくれる人を長時間掛け、一生懸命に捜し求めました。

　裏目に出たときがありました。初めて話をしようとして私は、カウンセラーだった、私の司祭さんの奥さんのところに行きました。私は兄とのある特殊な一種の繰り返し行為の幻覚が再発していました。私は彼女に私が思い出していることを話し始めました。すると彼女は、余りにも冒涜的な事柄なのでそれらについては私たちは話さない、ということについての聖書の言葉からの引用を始めました。そして私のそのことの解釈は、「私は冒涜しています。私は悪です。わたしは穢れていますので、私たちは私のことを話しません。」でした。私は打ちのめされました。私はもう一人別のカウンセラーにもう一度試してみましたが、こちらも大差はありませんでした。2回目のカウンセリングの終了までには、彼は私に祈りを上げさせ、両手を挙げさせ、不道徳に関わったこと、そしてそこから私が取った悪い態度に関わる告白をさせました。

　デイヴィッドは、私が体験したことのいくつかについて、本当に耳を傾けることが出来る最初の人です。彼が、私が本当に直感で信じ、私が自分のことを何の恥ずかしさも感じずにすんだ最初の人だったと思います。話を聞いてもらえているということ、そして信じられているということは、私の癒しにおいて二つのとても大きな部分でした。そしてそのことが幾分私の過去の影の部分を弱めてくれました。

　私はそれを手にするまで、正当性の確認がどれほど大切なのかが本当にはわかりませんでした。私は、私がこの事件を報告した警察官のブライスが私に、「ゲイル、僕は君を信じているということがわかるかな。」と言ったときを覚えています。そして私はただ止まって、「よくわかりません。ときどき私は自分で頭がおかしいと思います。多分みんな私の想像上のことかもしれません。多分私は頭がおかしいんです。」と言いました。そして私は、「あなたはどうして

私を信じるのですか。」と訊ねました。そして彼は私に代わってそれらの質問に答えることが出来ました。私が警察署を出たとき、私は踊りたくなりました。

　私は服役中の人たちが、彼らの罪や彼らがしたことを認めるのを聞くことは、正当性が確認されていることだとわかりました。一人の男性が本当に私の心を打ちました。彼は私に彼の姪が将来どんなことに直面しなければならないだろうかを彼に話して欲しいと言いました。私は彼にそのことについて話しました。それは酷い感じがしました。彼は、「そうじゃないんだ。俺が知りたいのは、あの子にとって、俺のしたことがあの娘にどんな悪影響を与えるだろうということを知りたいんだ。」と言いました。

　私は、私がある加害者と、私がレイプと妊娠について感じた罪の意識について話をしていたときを思い出します。私は15歳でした。つまり、私は、幼い小さな子どもではありませんでした。私の頭の中で非常に大きなメッセージとテープがこのことを流しました。彼は言いました。「ゲイル、もし俺があんたのおじか父親だとしても、俺を止めるためにあんたができただろうことは一つとしてないよ。俺の被害者は一人だって俺を止めることはできなかっただろうよ。」安堵でさえ、私が感じたことを表現するのに近くない。ブライスやデイヴィッドが、あれは私のせいじゃない、というのを聞くのとは違っていました。加害者がそのことを認めるのを聞くことは、加害者が私に、彼らに責任がある、全面的に責任があると言うのを聞くこと、そして、彼らの被害者には何の責任もないということを言うのを聞くことは、大変なことでした。同じ種類のことをした人々に責任を取らせることは、私にとっては、「そうだ、希望がある。」という印でした。

　神の恩寵が、今私が探求し、理解し始めていることです。私にとっての恩寵と私に対する恩寵です。そして私が刑務所内で会った人々にとっての恩寵です。私の神への信仰と、私の神との関係は大変基礎的なもので、それがなければ何にも意味は見出せません。

　私が経験した闘いの一つは、イエスが如何に私たちの感情によって感動させられているかについて語っている聖書との闘いでした。私は、「違う。彼は私の家にいる小さな少女ではなかった。彼にはどうしてもわかるはずがない。」と考えました。最終的に私は、彼がそれを得たのは、カルヴァリー（訳者注：キリスト受難の地）でだったということがわかりました。そこは彼がただ単に私の罪だけでなく、私の苦痛をも負ったところ、そして加害者の罪までも負ったところでした。彼には、その加害者になることがどのようなことなのかがわか

っていました。そして彼は、私であることがどのようなことであるのかを知っていました。

　それは、私が、彼にはわかるということ、そして、私はこの下らないものを持って主のもとにいける、ということを信じ始めたときでした。それは彼が手にした十字架の謎を引き受けたとき、彼がわかったときでした。そのことがどれほど私の心を打ったのかの深さを言葉で言い表すことが出来たらいいのですが。

　この修復的司法の全体が、本当に私の心を掴みます。私は人々に、希望があるということ、暗すぎるということはないということ、闇の中に放置され、隠されなければならないことは何もない、ということを知って欲しいのです。私は本当に人々に、何でも引き出すことができるのだ、ということを知って欲しいのです。希望というのは私にとってはそれほど大きな言葉です。私は、修復といったような言葉が好きです。というのは、その方が私にはもっと相応しいようです。

　それと私は超越という言葉が好きです。それが合います。今は、私が生まれてきた場所とはまったく別の場所で生きているように感じています。私の過去は依然として私の一部です。そして私はその過去を再び選択することはないでしょうが、別の過去とも交換しないでしょう。私にはこれらの二つの考えをどう調整をつければよいのかわかりませんが、私は、自分の過去をなくした人間にはならないでしょう。そして、今私が感じているようになるまでは長い時間がかかりました。

ゲイル・マクナブ

39 | あなたは私に何を言おうとしているのですか。私は、何を聞き漏らしているのでしょうか。

　私は私の神とは非常に双方向性の意思疎通をはかっています。何かが起こると私は大抵最後には、「あなたは私に何を言おうとしているのですか。私は、何か聞き漏らしているのでしょうか。」と言って終わります。私は、道路脇に立っている Burma Shave の看板を読んでいません。つまり、どう生きたらよいか、まだ適切なアドバイスを手にしていません。

　1991 年に私の前夫が私の家の玄関先に現れました。私が彼に、帰って、と言うと、彼は私を引っ掴むと、私が話ができなくなるまで窒息させました。それから彼は私を何回も刺しました。

　私は 4 日間程入院しました。それ以後はその場所にまったく住んでいません。直ぐに今の地域に引っ越しました。私の友人二人と私で、血だらけになったのを掃除しに戻りました。その日は私はとても頭に来ました。それは彼のお陰で私が後処理をしなければいけないもう一つの混乱でした。その日は大いに罵り、泣きました。

　私は私の家から剥ぎ取られたことに、憤りを感じています。私は一生をそこで暮らしていました。私はセイフティ・ネットをとてもしっかりと張り巡らせていたので、私は目を閉じたままでも飛び跳ねたり、支えられたりできるほどでした。ここではそうはいきません。私は麻薬中毒者のカウンセラーですが、

引っ越さなくてはいけなかったので、繁盛していた個人的な診療は一瞬にしてなくなってしまいました。私はここに移って来て、建て直しをしなければならず、四苦八苦しています。でも中には良いこともありました。

　私がこっちに引っ越して来て最初に、私は虐待されている女性の避難所に行きました。そして私はそのグループ内では、ハンセン病患者のように扱われました。さて、そこにいたのは虐待された女性たちでしたが、刺された人は一人もいませんでした。それは私がインフルエンザに罹っていて、私に余り近づくと彼女たちにうつってしまうかもしれないという状況に近いものでした。女性の虐待グループの中で、ハンセン病患者に扱われることより悪いことはないです！　私はAA（Alcoholics Anonymous アルコール中毒者更生会、断酒会）の会合に実際行ったことがありますが、そこの人たちは私を本当に居心地良く感じさせてくれました。今私は、もう何も気にしません。私は、「やあ、それは私の物語ですよ。もし私の話が怖いのでしたら、それは私の問題ではありません。」と考えます。

　私は恥ずかしい思いはたくさんしました。「あなたはカウンセラーだったんでしょ。あなたはもっとよく知ってても良かったでしょうに。どうしてこんなことをあなたに対して起こさせてしまったんですか。」恥、恥。私はもうそのことは構いませんが、私は私の直感には耳を傾けておくべきでした。それは私から他の人たちへのメッセージです。もしあなたの直感が安全じゃない、と知らせたら、それには注意して下さい。

エリザベス・ジャクソン（ELIZABETH JACKSON）
聖書を知っている人だったら誰でも、神は本当に時々、彼の友人たちに下らないことをする、ということを知っています。つまり、神は、あなたを40年間砂漠をさ迷わせたり、あなたをライオンの棲家に入れたりしますよ！

　私はカトリックの学校に通いました。ですから恥について大いに学びましたよ！　しかし私はそこで受けた訓練を本当に感謝しています。私は素晴らしいことを学びました――信仰体系、信ずべき信仰、今回のトラブルを通じて私を見る何か。暴行が起こったとき、私には、善と悪、神と悪魔、あるいはもしあなたがそう呼びたければ、二つの強力な力が、あの部屋で戦っている、という

強い感覚を持ちました。それが、私が神に怒りを感じない理由です。私が生きてあの場所から出て来られたのは、まさに神がいたからだったのです。

彼は6〜15年の禁固刑を受けました。そして私にとって幸いにも彼は未だ収監中です。今のところ、彼がどこかに押し込められていて、私はどこか別のところにいて、事態はあるべき状況にあると私は感じています。私はこのような生き方は嫌です。しかし、彼が私に更に危害を加えようとする可能性が本当にあるということはわかっています。ですから、物語は未だ終わってはいないのです。

私は私の人生でこれまでいろいろとたくさんのトラウマを経験してきました。私はどの一つをとっても、それが起きるとはまったく予期していませんでした。私はもうこれ以上はごめんなので、今私はそっと歩いています。それが、仮出所の時期が近づくと私が非常に怖がる理由です。何らかの理由で、そのようなことが私に起きるように私が選ばれているように思えるのです！しかし勿論、聖書を知っている人だったら誰でも、神は本当に時々、彼の友人たちに下らないことをする、ということを知っています。

人々が、「ああ、あなたはとても強い。」と言ったとき、私はそれを嫌ったものでした。私にとって、勇気があり、強いということは、「私は何でも対処できますよ。私によこしなさい。」ということを意味しました。つまり、何でも意のままにするということでした。

私は、勇気はセラピーに通じる玄関を通って歩いて来る、ということを発見しました。勇気とは、朝起きて、仕事に出掛けることです。時には、力は、喜んで少し頭のおかしい人になって、他の人たちにあなたを支えさせることを意味します。つまり、虚弱で壊れやすく脆弱であるようになり、他の人たちにあなたがそのような状態にいることを見させることを意味します。それが勇気なんです！それは、「私のそばにいてくれませんか？」と言うことができるということです。

人生の意味について何を私は学んだか、ですか？　私にはわかりません。私は未だ学んでいる最中です。私が息を引き取るときにあなたはやって来なければいけませんね。そしたら、そのとき私はあなたにヒントを上げましょう。それでいいですか。私には充分なデータがありません。私が言ったように、Burma Shaveの看板を待ちながら、道路沿いのあれらの看板を読んでいるということなんです。まだどうやって生きるのかいい手懸りがつかめていないのです。

エリザベス・ジャクソン

私がこっちに引っ越して来て最初に、
私は虐待されている女性の避難所に行きました。
そして私はそのグループ内では、
ハンセン病患者のように扱われました。
さて、そこにいたのは虐待された女性たちでしたが、
刺された人は一人もいませんでした。
女性の虐待グループの中で、
ハンセン病患者に扱われることより悪いことはないです！

第 **2** 部

バーマひげそりクリームの看板を求めて

被害(者)化と、司法の責務

バーマひげそりクリームの看板を求めて
被害(者)化と、司法の責務

ハワード・ゼア

　「Burma Shave」の看板*訳者注*は、交通が今日に比べてよりのんびりとしていて、量も少なかった、1925年から1963年にかけて米国の高速道路沿いに並べられていた。5枚で1組になる小さな看板が、道路沿いに一定の間隔で、柵用の支柱に張り付けられていた。1枚毎に、4部からなる脚韻の1行が表示されていた。5枚目の看板は通常、「Burma Shave」と書かれていた。それは、その看板のスポンサーである、バーマひげそりクリームの会社名である。

　その時代、子どもであった私たちのような者にとって、旅の主要な関心は、「Burma Shave」の看板を探すことであった。意味は1枚ずつ明らかになっていき、4枚目になってやっと脚韻を踏んで意味が通じた。

　「Burma Shaveの看板を待ちながら、道路沿いのあれらの看板を読むこと。」このエリザベス・ジャクソンの比喩は本書のサバイバー（被害者、その遺族）の多くに共通しているテーマを表している。即ち、心の旅路を辿って、標識を捜し求め、起こったこと、そして人生そのものの意味を理解し、徐々にそして多分部分的にしか明らかにならない意味を求めること。

　本書での声は、彼らが超越しようとした、苦痛と悲劇を物語っている。私は被害者が辿らなければならない、その心の旅路の――あるいは幾つかの心の旅路の――輪郭を探ってみたいと思う。司法はこれらの心の旅路にどんな貢献をすべきなのか。そして最後に、私は、私自身の心の旅路についての若干の考えを述べる。

感情の渦

　これらの声が私たちに想起させるように、暴力との遭遇は、往々にして、人の一生のあらゆる分野に影響を及ぼす破壊的な経験である。ペニー・バーンツセンはそれを、調整がまったくできていない世界、破壊された論理、と表現する。ある被害者は彼の経験を、「その中では世界が狂ってしまい、あなたは、明確に表現することが不可能な経験の極みによって、より広いコミュニティか

ら孤立していると感じる、極めて政治的な状態*1」と表現した。これは、無秩序感と孤立感、制御不能の感覚と、同じような経験を共有したことのない他者から隔絶されているという感覚を、うまく表現している。

　暴行の被害者（多くの所謂「微」罪の被害者同様）は、圧倒的な範囲にわたる強力な感情を経験する。怒りはしばしば激しい、すなわち、暴行を行った者への怒り、自身への怒り（自己非難は通常の反応である）、「司法制度」への怒り、耳を傾けることを拒む友人たち、あるいは、起きたことを被害者の責任にする友人たちへの怒り、暴行が起きるのを「許した」神への怒り。本書の非常に多くの声からも明らかなように、被害者は、この犯罪が起きるのを許したか、あるいは、その原因にすらなりえたかもしれない彼らの神についての想定を見直すとき、宗教的な危機を経験する。

　質問が彼らを消耗させる。誰がこんなことをしたのか。何故なのか。加害者たちはまたやろうとするだろうか。サバイバー（被害者、その遺族）たちはまた、彼らの脆さとも、そして時には、他の人たちはそうでなかったのに彼らが何故生き残ったのかという問に対しても気持ちの整理をしなければならない。恐怖心は共通している。彼ら自身に対してと他者に対して。そしてそれは、これから何年間も、人間や出来事に——見知らぬ人たち、男性、人種の異なる人たち——関わるかもしれない。

　恐ろしい、不安を掻き立てる悪夢が侵入してくるかもしれない。眠りの中で被害者は、犯罪を再び体験するかもしれないし、あるいは、彼らが加害者に凄まじい復讐をするかもしれない。いずれにせよ、このような悪夢は心を動揺させる。更には、彼らは予想がつかない感情の揺れに苦しむかもしれない、すなわち、怒りとそれを我慢できないことの間で、親密さとそれへの恐れとの間で、感情を抑えることと、感情に押し潰されることとの間で。寝ても覚めても、記憶と感情から逃れることはできない。これが結果として脆弱性を一層拡げることになり得るし、人の一生は制御不能だ、という認識をもたらし得る。

　他者から孤立している、愛する人たちからさえも孤立している、という感覚は、以前は当然と考えられていた基本的な人間関係が問われているわけで、共通している。これに伴って現れて来るのが、多くの疑念である。それは、種々の関係についてのみならず、信仰、意味づけ、自分自身についてさえである。被害者の心的外傷が他者によって認識されないと、あるいは、事件に関する彼らの解釈が尊重されないと、疑念は、彼らの感覚の正当性、及び、彼らの世界の解釈の正当性にまで拡大することもありうる。

被害者とサバイバーはしばしば深い悲嘆のプロセスを経験する。即ち、愛する人を喪失したこと、自身の安心感を喪失したことでの悲嘆、アイデンティティ喪失での悲嘆、信仰の喪失、身の潔白感の喪失での悲嘆。この悲嘆の現実、及び、結婚相手の悲嘆への取り組み方の違いが、夫婦関係の深刻な問題に発展することもあり得る。エマ・ジョーとハーバート・シュナイダーが彼らの結婚を見直さなければならなかったことは、まったく珍しいことではなかった。暴行で子どもたちを死なせた両親の間では離婚率が高いことの一つの理由がこれだ。

　オクラホマ・シティ・ビル爆破事件の生存者、ダイアン・レナード (Diane Leonard) は、ティモシィー・マクヴェイの判決公判での証言を求められて、その悲しみの感覚を、本書に出てくるいくつかの声と共鳴する言葉で述べた。「私の悲しみを表すのにもっとも相応しい言い方は、私も4月19日に死んだように感じる、だと思います。私には、私の心があのビルのように見える気がします。あのビルには、決して元どおりにできない大きな穴が開いています……。私の人生において同じままのものは何もありません[*2]。」

　私がここで表現していることは、大抵は、暴力が侵入するまでは「正常な」生活をしている人を特徴付けるものである。人が暴力を正常なこととして経験するとき、その暴力が子ども時代に始まるとき、彼らの全世界は、ゲイル・マクナブやジャネット・ベックが彼らのインタビューで示唆しているように、歪められるかもしれない。

土台を壊された根幹

　被害(者)化の危機は包括的である。私はそれをよく互いに重なる部分を持つ3つの円で描く。即ち、自己イメージの危機（私は本当はどんな人間なのか）、意味の危機（私は何を信じているのか）、そして、関係性の危機（私は誰を信用できるのか）。被害(者)化の危機はまた、根本的でもある。というのも、それが、私たちの安全感、十全性、アイデンティティの基礎となっている、根本的な想定や根幹の土台を壊すからである。多数のこのような想定は重要である。ここでは私は、とりわけ基本的である、3つの根幹に焦点を合わせる。それらは、自主・自律、秩序、関係性の想定である[*3]。

　私たちは誰でも私たちが、私たち自身の人生を、かなり制御している、あるいは少なくとも、私たちの人生の大切な部分については、かなり制御していると感じる必要がある。人が常に上の権威に命令される仕事環境は、非人間的で

冒涜されていると感じられる。奴隷制度は同じ理由から、非人間的であった。他人を制御する人間がいたが、この、個人の力が欠如したことが十全性の感覚の土台を壊した。同様に、犯行時に、誰かが別の人の生命を支配すると、この、自分の意志ではどうしようもない、という感覚は夢となって続き、激しい感情が留まり続ける。このような制御感の喪失は、人の安全感、アイデンティティ、安らぎ感を深く喪失させており、また影響を与えている。

　私たちの一人一人がまた、秩序感（訳者注：物事の筋道がはっきりしていること）に根ざしている安全の感覚も必要とする。私たちは、私たちの世界が基本的に秩序立っていて、出来事は説明可能である、ということを必要としている。癌患者は、何故彼らがこの病を患っているのかを知りたいと思う。被害者も同じで、どうして被害者になったのかを知りたいと思う。解答が秩序を取り戻す。そして秩序感は、私たちが私たちの人生の基礎を置いている根幹の一つである。認識可能な秩序のない世界は、危険で意味のないように感じられる。

　補足して言えば、これら二つの自主・自律と秩序という根幹は、何故被害者が、起きたことに対して自らを極めて頻繁に責めるかを説明するのに役立つ。秩序を取り戻すためには、被害者は、何故犯罪が起きたのかを知る必要がある。本当の解答がないとき、自らを責めることが、一種の解答を出す方法である。もし私たちが、犯罪を私たちがしたことのせいにすれば、おそらく私たちは将来その行為をしないようにすることができるので、いくらかは自分の意志が働くことを感じる。もし私たちが責めを負うべきであるとするならば、私たちは少なくとも、どうすることもできない操り人形ではない。

　3番目の根幹は関係性である。他の人々との健全な関係は十全性の感覚にとって肝要である。私たちは皆、他者によって受け容れられる必要がある。私たちは、私たちが誰を信用できるのかを、蜘蛛の巣状の様々な関係のどこに私たちは自分をはめ込むのかを、知る必要がある。実際、私たちが私たちのアイデンティティを形成し、確認するのは、他者との相互作用を通してである。

　犯罪は、この関係性の感覚を弱める。誰がこれをしたのか。誰がこれについて知っているのか。被害者は往々にして、関わっているかもしれない、あるいは彼らの目が届かないところで話をしているかもしれない見知らぬ人、更には隣人に対してさえも、懐疑的になる。家族や友人が、できるだけ助けになるように対応しないと——そして多くの場合そうではないのだが——被害者は、しばしば彼らからも疎外される。時として彼らは、同様の悲劇を経験した人だけにしか理解できないと感じる。蜘蛛の巣状の関係は歪められ、破壊される。

犯罪は、それが自主・自律、秩序、関係性の根本的な想定を弱めてしまうので、非常に心的外傷的である。暴行は、暴行を受けた人を決して人間らしくない、と感じさせて、非人格化する。被害（者）化は、アイデンティティと意味の深刻な危機とを表わしている。また、秩序だった世界の中で自立はしているが他と関連づけられている個人でもある自分自身への攻撃を表わしている。

　被害者とサバイバーは、往々にして、彼らが子どもから大人に変わるときに解決しなければならなかった同じ発育上の問題——アイデンティティ、自主・自律、自己抑制、社会的関係といった諸問題——に再度取り組まざるを得なくなる。それは深い悲しみのプロセスをもたらす。それは、犯罪で実際に失われたかもしれない人物や事柄に対してだけではなく、彼らの、神および世界への信頼、彼らの居場所とアイデンティティ、といった、なくなってしまった彼ら自身の一部に対する悲しみのプロセスでもある。その喪失感は深いかもしれない。そしてそれは引き換えに、困難でしばしば抵抗を受ける悲嘆と哀悼のプロセスを求める。

　それから暴行の経験は、私たちは誰なのか、私たちは誰を信用できるのか、私たちはどんな種類の世界に住んでいるのか、といった、私たちにとってもっとも根本的な想定に問いを投げ掛ける。被害（者）化の核となる心的外傷は、disorder（無秩序）、disempowerment（無力化）、disconnection（断絶）の「3d」で表すことができる。従って、心的外傷から超越への動きは、私たちが長い間決着がついていたと考えていた、秩序、活力化、結びつき（関係性）、アイデンティティ感覚といった課題に再び取り組むことを意味するかもしれない。非常に多くのサバイバーが心の旅路について、多くの構成要素や副次的な心の旅路で成り立っている心の旅路について語るのは何の不思議もない。私は、これらのいくつかについて探ってみたい。

意味づけを求めての心の旅路

　これまで述べてきたことからも仄見えるように、暴行の心的外傷の主要な要素は意味づけの破壊であり、心的外傷を超越するには、意味づけの再生が求められる。本書に登場する人々が使う、最も強力な比喩的表現の中には、このプロセスを反映しているものがある。

　私たちは皆、私たちのアイデンティティと意味づけを、人、物、出来事の象徴を創り、それらを物語——私たちは誰で、何をしているのかについての物語（ナラティブ）——の形で維持することによって築き上げる。私たちは、私たち

は誰なのかを話すようにと訊ねられると、大抵は物語を語る。私たちの真実は、私たちの物語の中に深く埋め込まれている。

　暴行の経験は、これらの物語への攻撃、意味づけの弱体化を意味していて、そしてそこに心的外傷の主要な原因が存在する。

　癒えるためには私たちは私たちの物語（ストーリー）を回復しなければならないが、単なる古い物語ではない。私たちは、起きたおぞましい事柄を考慮に入れた新しい物語（ナラティブ）か、改定した物語（ナラティブ）を創らなければならない。苦悩は私たちの物語の一部にならなければならない。意味の再生は、私たちの人生の「再物語（re-storying）」を求める。南アフリカの Truth and Reconciliation Commission（真実和解委員会）を創った人たちは、癒しは、個人の過去と対峙すること、それと折り合いをつけること、その境界線を引くこと、傷ついた経験を新しい物語に組み入れることから来ると認識した。苦痛を無視したり、拒んだりすると、深く機能不全になり得る。

　そこで、この意味づけへの感覚を回復するには、私たちの苦痛を表現することが大切である。そのことは、多くの人たちに、暴行の物語を何度も繰り返し語ることを求める。この、話を再び語ることと感情を発散することで私たちは、心的外傷を緩和し、新しい物語の再構築を始め、苦悩の物語の周囲に境界線を引いて広がらないようにし、それに勝利することが可能となる。被害(者)化は、本質的には意味づけとアイデンティティの衰退であり、そこで私たちは、意味づけの感覚とアイデンティティを再建する、欠けた部分を補う物語を回復しなければならない。

　私たちの話（ストーリー）を語ることによって、私たちは、正気を失うことなく、苦痛に対峙できるということを学ぶ。苦痛を私たち自身の物語りの一部、すなわち私たち人生についてのより大きな物語の中での苦痛に満ちた出来事にする。このことが、何故、赦すことと、忘れることが同じ方程式に入らないかの理由である。何かあるとしてもそれは、「真実和解委員会」が繰り返し強調したように、「覚えていて赦す」である。この「再び物語る」プロセスは、私的な側面同様公的な側面も持つ。ジュディス・ルーイス・ハーマン（Judith Lewis Herman）は、彼女の独創性に富んだ著書 Trauma and Recovery（『トラウマと回復』）で、testimony（立証）という表現を好んでいる[*4]。物語（ストーリー）というのは、何度も語られる中で（telling and re-telling）形ができ上がっていくものだが、物語の真実を聞き、その正当性を立証する、思い遣りのある聞き手を必要とする。

この意味づけを求める心の旅路は、被害者に、起こったことについてと、その中での彼らの責任についての道徳的判断を下すことを求める。好むと好まざるとに関わらず、彼らはしばしば、気がついてみると、適正なレベルの責任を取るために、起きたことを理解し、説明するために苦闘している。被害者は、起きたことに対する余りにも過剰の責任を負って自らを責める傾向がある。彼らにとっては、正当性が立証されることが極めて必要なことだ。これは、不法行為が彼らに対して行われたという認知、誰か他の人に責任があるという認定と、彼らには最終的には非はないという認定を含む。それでも、ハーマンが指摘しているように、ほとんどの被害者は、起きたこと、そして／あるいは、どう心的外傷に対応したのかについて、すべての責任が完全に赦免されることは現実的ではないと考えている。むしろ、回復のプロセスは、全面的な責任と道徳的責任の完全否定とを結ぶ軸上に彼らの妥当な場所を見つけることを求める。

名誉を求めての心の旅路

　私たちが私たちの人生を「再び物語る」作業に取り組んでいるとき、私たちは、新しい意味づけを創り出しているだけではなく、これらの屈辱と不名誉の物語を、威厳と勇気を包含する物語に変更し始めている。スーザン・ラッセルがこの点を彼女のインタビューの中で探求している。彼女は、非常に多くの文化の神話の中に見られる、英雄の心の旅路の類型についての調査、執筆を進める中で、彼女自身を英雄的な被害者として自己確認し、不名誉を超えて進むべき道を見出した。オクラホマ・シティ・ビル爆破事件の生存者、スーザン・アーバック（Suzan Urbach）は、ティモシー・マクヴェイの判決審理の際の証言台で検事から、彼女の顔の傷跡について訊ねられた。彼女は次のように応えた：

　「そうですね。傷跡は名誉の印です――どんな傷跡にも物語があります――創傷についてと、その創傷とともにある癒しについての物語が。ですから、人がより深く傷つけば傷つくほど、それだけ多くの癒しが人の行く手に待ち受けているに違いありません。そして人はそれを経験しなければなりません。その傷口がふさがるように、そして人がその傷跡を持てるようにするために。つまり、人が傷を負い、そして癒されなければ、人に傷跡は残らないということです。そして私には、私の傷跡が残っています。」

　検事：「ということは、あなたはあなたの傷跡を誇りにしているのですね。」
　「その通りです[*5]。」

これらの例が示しているように、意味づけを求めての心の旅路は、もう一つ別の心の旅路——名誉と尊敬を求めての心の旅路——を内包している。そこで私たちは、shame（恥）とそのごく近い仲間である、humiliation（屈辱）の話題に移る。

　西側世界に生活している私たちのような人間は、屈辱と名誉の概念は、私たち自身のものとは遠く隔たった文化や時代に適用されるものだとよく耳にしてきた。しかし私は、それらの概念は、被害者、加害者双方の人生に、強力だが目には見えない形で働いていると信じるようになって来ている。ここでは私は、ことによったら屈辱と名誉は、被害者の反応を理解するための重要なレンズを提供するのではないかと考えたい。

　恥と屈辱の経験は、被害者の経験を貫き通して走っている糸であって、それらを取り除こうとする、あるいは変容させようとする苦闘は、癒しと帰属への心の旅路における中心的な要素である。何故そうなのか。一つの理由は、力と自立を尊重する西側社会にあっては、他者によって圧倒されることは恥ずべきことだ、ということである。私たちが犯罪の被害者になるとき、私たちの立場は低められる。私たちはその事件によって辱めを受けるが、また私たちのそのことに対する対応の仕方——事件の折に私たちがしたこと、あるいはしなかったこと、そしてその後、その事件が私たちに影響を与える方法——によっても往々にして辱めを受ける。

　恥辱は、起きたことについての私たちの見解の正当性が他者によって証明されないと、更に積み上げられる。恥は、私たちが、私たちの経験を秘密にしておかないといけなくなるとき、更に増大する。エレン・ハルバートも、被害者によって感じられる恥の感覚を、他者からだけではなく、自身から突きつけられる指弾の指に結びつける。ここで私たちは、私が前に表明したことと関連付ける。即ち、超越は、他者によって正当性が証明され、回復力の物語の中に設定される道徳的判断を含む。

　私たちが加害者であろうと被害者であろうと、崩壊と孤立から超越と帰属への心の旅路は、私たちに、私たちの物語が最早単なる恥と屈辱についての物語ではなく、最終的には尊厳と勝利の物語となるように、それらを語り直すことを求める。意味づけ、名誉、責任への問いは、どれもこの心の旅路の一部である。ここに埋め込まれているのは、立証への願望である。

立証を求めての心の旅路

ウイリアム・イアン・ミラー（William Ian Miller）は相互関係の感覚は、私たちの精神、文化に深く埋め込まれていると主張している。私たちは、善悪双方について、私たちが負っているものは返し、私たちから借りているものは返してもらう、という生来の衝動がある。贈答品の交換と、名誉と恥を相互にやりとりする要求とは、密接に関わっている。「相互のやりとりが出来ないということは」と彼は言う「納得のいくように釈明されなければ、私たちの評判と自尊心の評価を引き下げる*6。」彼は更に続けて、名誉と屈辱は結局のところ、この相互関係の概念と結びついていると示している。私としては、この相互関係の要求は、名誉と屈辱のバランスを正しい位置に戻すために、多くの被害者が感じている正当性の立証の要求と結びついている、と提起しよう。

　被害者と私の作業を通して、正当性の要求は実際のところ、被害者が経験する最も基本的なニーズの一つだと言える。つまり、それが彼らが司法制度に対して出す中心的な要望の一つである。事実、私はこの立証の要求の方が、復讐の要求よりも、より基本的で、より本能的であると危険を冒して主張している。復讐というのはむしろ、人が立証を求めることができる数ある方法の中のほんの一例に過ぎない。

　被害者が司法から立証を求めるとき、彼らは、部分的にはこの恥と屈辱の除去を介しての相互関係を求めている。不正を糾弾し、適正な責任と償いを確かな物にすることで、司法手続はこのことに貢献できるし、するべきである。

正義への心の旅路

　要するに犯罪とは、人間としての被害者への激しい蔑視の表明を意味している。蔑視は人を非人格化するものだ。犯罪は、被害者の個性を否定するものであり、彼女あるいは彼を個人として尊重しないことである。私たちが、友人として、あるいは家族の一員として、あるいは世話をする人として彼らのニーズを尊重できないとき、私たちはこの被害者への蔑視を永続化させている。司法制度が被害者を無視するとき、蔑視の循環は再び永続化される。

　本書に登場する人の中には、司法に関して好意的な経験をした人もいたが、被害者は大抵の場合、刑事司法の手続は彼らを無視するだけではなく、彼らの経験を盗み取り（訳者注：解説215頁以下を参照）それを馴染みのない法律用語に訳し直してしまうと感じている。しばしば犯罪は実際には加害者が司法取引で有罪を認めるとき別の罪名が付けられる。もし被害者が少しでも関わるとすると、それは大体の場合、証人としての役割においてだけである。その役割にお

いて彼らが司法手続に貢献できることは厳しく制限されており、感情的には大変不満足である。実際、ティモシー・マクヴェイ・オクラホマ・シティ爆破事件裁判で証人を依頼された被害者、サバイバーは、彼らが証言しないときに法廷に入る許可を得るために、連邦議会にまで出向かなければならなかった。

　法廷での敵対関係の設定は、敵意に満ちた環境である。攻撃的な主張と心理的な攻撃の戦略が、中世の決闘の物理的な力に取って代わっている、組織化された戦場だ。「もしあなたが、煩わしい外傷後兆候（トラウマ）を誘発する制度の設計に着手するのであれば」とハーマンは書く「法廷以上に勝るものはできないだろう*7。」癒しがそれほど捉えどころがないということに何か不思議があるだろうか。

　正義と癒しを求めての心の旅路では、被害者には、多くのニーズがある。彼ら自身だけにしか彼らのニーズを規定できないのに、また、彼らだけがニーズのいくつかの分野の解決に取り組むことができるのだが、より大きなコミュニティが——司法手続を含んで——癒しはどこでスムーズに運用されるかの状況作りにおいて、主要な役割を演じる。無力化と他者との断絶が被害（者）化の心的外傷の核心である。従って、回復は、活力化と新たな結びつきに基礎を置く。そしてこれは、他者との関係性においてのみ起こりうる。コミュニティにも、司法手続のどちらにも、被害者が取り組まねばならない個人的な作業を取って代わることは出来ない。だが、どちらもが癒しのプロセスを劇的にスムーズに進めることもできれば、劇的に妨害することもできるのだ。

　司法の焦点は私たちが知っての通り、被害者のニーズには合わせられていない。しかしもしそうだとしたらどうだろうか*8。キリスト教とユダヤ教の聖句の中で、（ヘブライの）預言者ミカは、「主は何を求めているか」と尋ね、それから解答が展開し始める。「正義を行うことですか？」しかし別の質問が暗示されている。正義は何を求めるのか。正義を行うということは、被害者にとって何を意味するだろうか。私は、司法にできる、そして司法が取り組むべき幾つかの必要性の分野を提案したい。

　少なくとも初めに、最も緊急なのは、肉体的にかつ感情的にも、安全な空間を作ることだ。被害者は、他者に対してと同様彼らに対しても、同じ経験の再発防止のための対策が取られていることを知りたい。これは、彼らの怒りや恐怖を、裁きも非難もされずに表明できる場所を含む。また悲しむ場所も含む。悲しむことは、秩序の再組み立てへの道にある足掛かりだ。

　多くの場合、被害者はまた、何らかの形の、回復あるいは償いを望んでいる。

一つにはこれは、彼らが失ったものへの払い戻しを求めているからかもしれないが、より重要なのは、往々にして、そこに込められた象徴的な発言だ。事実、実際に失ったものは、しばしば埋め合わすことは不可能だ。回復——謝罪同様——は、公正さの修復を象徴しており、暗に被害者ではない誰か他の人に責任があるということを述べている。それは、不正を告発する一つの方法であり、被害者を赦免し、誰に責任があるかを述べる方法である。それから、回復は、それが実際の喪失への支払いであるのと同じ程度に、あるいはそれ以上に、責任と意味づけに関わっている。回復は、妥当性の確認と正当性の立証の一つの形であり、そのどちらもが、大半の被害者にとって極めて重要である。

同様に重要なのが、問いかけに対する解答である。被害者は、何が起きたのか、そして何故なのか、を知りたいと思う。何故ならば、上述の通り、解答は健康にとって肝要である秩序感覚を取り戻す。彼らは可能な範囲内で、本当の、推量ではない解答を求めている。彼らは、法的な手続でお目にかかる単純化された二項式の解答ではなく、現実の人生のように多層的な解答を望んでいる。これらの解答の中には説明的で、被害者自身によって発見されなければならないような答えがある。例えば、「何故私はあのように反応したのか。何故私は、あの時以来、あのように反応してきているのか。」しかしながら他の解答は、事実関係のもので他者から出されるに違いない。「何が起きたか。何故それは起きたか。それについて何がなされているのか。」

必要とされる第四番目の分野は、家庭内暴力の被害者と仕事をしている人々が「真実語り」と呼ぶ事柄と関係している。私たちがこれまで見てきたように、被害者は、彼らの物語を、彼らの真実を、恐らく何回も何回も、それらが意味を持つ人々に語る必要がある。私たちの皆が私たちのアイデンティティを再定義するのは、語りと、再度語ることの中で行われるものである。被害者は、彼らの怒り、裏切り、そして悲しみの感情を発散させる機会を求めている。これらは癒しの心の旅路の自然の成り行きの部分である。ハーマンは「証明 (testimony)」という用語を使っている。というのは、それは、真実語りが、個人的と社会的、公的と私的の双方の側面があることを認めているからである。

最後に被害者は、力が与えられていることを感じる必要がある。力は彼らから奪い去られてしまった。彼らには、参加と活力化の活動と経験が必要である。

修復的司法

すべての司法手続は儀式を含む。不幸にして、刑事司法の手続での儀式は、

国家と、より大きな社会にとってのある種のニーズには応えるかもしれないが、被害者にとってはほとんど何の役にも立っていない。被害者志向の司法手続であれば、彼らの、悲嘆、立証、記憶、証明、活力化、再関係付けの儀式のニーズを組み込むことだろう。

　本書のサバイバーの中には、これまでに修復的司法に何らかの形で参画している人たちもいる。1970年代後半に始まって、と言ってもそもそもは多くの歴史的な伝統に根ざしているが、修復的司法は、私たちの法に対する想定やアプローチを再構成するための一つの方法として多くの国々で展開してきた。現在、修復的司法プログラムは、米国及びカナダのほとんどの州で実施されている。その多くは、比較的凶悪犯罪でないケースを扱うことを主眼としているが、次第にプログラムは深刻な暴力犯罪向けに工夫が加えられている。

　修復的司法プログラムは何よりも、犯罪によって影響を受けた側——コミュニティ、加害者、しかしとりわけ被害者——のニーズに本気で取り組むための試みとして出現してきた。そうする中で、同プログラムは、被害者の安全、回復、解答、真実語り、活力化への被害者ニーズに本気で取り組めるようになる状況を提供することを模索している。

　最もよく知られた修復的司法プログラムは、被害者に、彼ら自身の事件の加害者と、あるいは他の類似の犯罪の加害者との、慎重に円滑に進められた出会い（エンカウンター）を——直接間接を問わず——提供している。そのような出会いは、被害者あるいはその遺族の完全な自由選択でなければならない。時にはそのような出会いを表現するのに、「被害者／加害者調停」という名称が用いられるが、「調停」は、実際にはこの分野では、とりわけ、凶悪犯罪に適用されるときには、問題含みの用語である。人によっては、このやり方に対して、「調整司会役がなかに入る対話」あるいは、被害者／加害者「会話協議（カンファレンス）」という用語を使う。

　しかしながら、修復的司法はいつでも出会いを含んでいるわけではない。実際、この分野では、あらゆるやり方がある。更に、修復的司法は、本質的に、プログラムあるいはプログラム群ではない。それはむしろ、二つの根本原則に基づく法哲学である。即ち、犯罪は本質的に害悪的影響であるということ、それと、すべての真の利害関係者は、犯罪に対する反応に関わるべきであるということ。出会いのプログラムはこれらの原則を実践するための一つの方法でしかない。

　近代の法体系は、実際に加えられた害悪的影響の代わりに、法律違反に焦点

をあてる。実際法的には、真の被害者は——ビオン・ドルマン（Bion Dolman）が非常に雄弁に語っているように——犯された人ではなく、国家なのだ。従って、真の被害者は、司法の手続上では、二次的な立場を占めるに過ぎず、彼女の、あるいは彼のニーズは顧みられないか無視されるかもしれない。司法の焦点は、加害者が受けて当然のことを受けることを確実にすることにあって、被害者のニーズに対して真剣に取り組むことではない。

それに引替え、修復的司法は、犯罪に関して真に問題となるのは、害悪的影響が人間及びその関係性に及ぼされることだと述べる。一度そのことが承認されると、二つの基本的な原則が明らかになる。先ず第一に、害悪的影響を加えられた者が——被害者及びサバイバー——司法の中核でなくてはならない。言葉を換えれば、司法の出発点は、被害者自身が規定する、被害者のニーズになるだろう。次に、加害者の説明責任の問題は、加害者に働きかけてその害悪的影響を理解し、可能な範囲内で、その害悪的影響の責任を取らせることを主眼としなければならない。

法体系は、被害者とコミュニティの名において、加害者に「対して」法を執行する政府を有する。しかしながら、前者の声や役割のための余地は余りない。修復的司法は、被害者とコミュニティは、加害者と並んで司法において主要な利害関係者であり、可能な範囲内で、彼らは司法の結論を決定することに参加すべきであると主張する。彼らはお互いに関して、また事件について可能な限り多くの情報を持つべきであり、可能な限り司法に参画すべきである。常に妥当である、あるいは望ましいというわけではないが、可能であるべき一つの選択肢は、被害者が、加害者と対峙し、対話する機会を持つことである。凶悪犯罪の場合には、そのようなプログラムが事件の法的結論に影響力を与えるように策定されることはほとんどないが、実際プログラムに参加している被害者や加害者にはかなりの利益をもたらしている。本書に登場する多くの人たちがそのような過程を経験している。

一言で言えば、修復的司法は、私たちはすべての関係者——加害者とコミュニティはもとより被害者も——への配慮なくして「正義を行う」ことはできない、ということを私たちに気付かせる。

私自身の心の旅路

私は重大犯罪の被害者になったことは一度もない。事実、私が刑事司法と関わった最初の頃、私は被害者をほとんど知らなかったし、正直言って、知りた

いと思わなかった。私は主として、加害者の福祉に関心があり、「もう一方の側」を理解する必要性が見えなかった。その後私が理解したように、加害者にとっての司法は、被害者とはほとんど無関係に探求できた。その上、被害者に共感することは、私にとって加害者の代弁をすることがより難しくなり、問題を感情的に混乱させるだけだろう。こういった感覚は、私たちの司法制度の敵対関係の枠組みからすれば当然の帰結だ。被害者の代弁者も、加害者の代弁者もどちらも、大抵は相手を理解する必要はない、と信じ、相手を理解することは彼らの仕事をより難しくするだろうと恐れている。

　70年代後半に私は、私が教鞭を取り、開業していたアラバマを離れ、エルクハート（インディアナ州）に引っ越した。そこでは、当時は、「被害者／加害者和解プログラム」と呼ばれていた、米国内ではそのようなプログラムとしては最初のものの責任者になった。私は手引きの執筆を始めた。それで、この最初の試みが至るところで再現されるようになった。最終的には、このプログラムが、世界中の被害者／加害者会話協議（カンファレンス）プログラムの第一次モデルとなった。私はかなりの時間を使って、コミュニティでこのようなプログラムを始めたいと考えている人たちと意見交換をしたり、訓練をした。当初は、アプローチは理論からよりも経験と直感から発展した。概念的な枠組みと、現在世間に認知されている「修復的司法」という用語を私たちが作り出したのはそれより後になってからのことだった。

　被害者／加害者の出会いのために、私は、初めて被害者と付き合わねばならなかった。私が彼らの声を聴き始め、彼らが彼らのニーズとものの見方・考え方を表明するのを私が耳にし始めたとき、私の司法に関する前提はぐらつき始めた。私が被害者の話を聴いたとき、彼らが彼らの加害者との面会を選択するかしないかに関わらず、私は彼らの苦悩を感じ始め、彼らのものの見方・考え方を理解し始めた。私は最早、加害者のための司法は、被害者を巻き込むことなく、あるいは、彼らのニーズに取り組むことなくして追求はできないと思った。事実私は、被害者が正義の追求においては中心的でなければならないと確信するようになった。被害者は司法手続において、補足説明というよりはむしろ、主要な利害関係者でなければならない。1990年に初めて出版された本の中で私は、必要とされているものは、被害者や加害者のための少数の新規プログラムよりは、もっと抜本的なものなのだ、と主張した。Changing Lensesの中で私は、修復的「レンズ」あるいは、司法の視点の必要を訴えた[*9]。

　そのときでさえ私は、「修復（restoration）」という用語は問題含みだと認識し

ていた。例えば、どのようにして人は、殺害された子どもを修復できるのか。他方、多くの加害者は修復される必要はなくて、変容（改善）させられる必要がある。しかしながら、「修復」という術語は、司法のあるべき姿について関係的でニーズ志向的側面を実際とらえていた。今日のその用語の人気は、それが多くの人々にとって、何か深く直感的なものとまさに繋がっているということを示唆している。

　長年の間にいろいろと経験したお陰で、私は、被害者の世界により深く入り込むことになった。凶悪犯罪の被害者と作業をすることに加えて、私は、北アイルランド、スーダン南部、中央アメリカ、南アフリカといった、世界の他の地域での、大虐殺、大量殺戮、テロ、弾圧の被害者の話を聴いた。状況及び若干の個別のニーズに違いはあるかもしれないが、私は多くの共通するテーマを耳にした。今私は、かつて私が気づいていた以上に、被害者の経験に気づいているし、被害者の激しい矛盾した感情をより受け容れ、肯定することができる。また、たとえ私が司法手続で他の参加者と作業することが求められる環境にいるときでも、被害者の視点により敬意を払うことができる。私が何をするにしても、私は被害者の代弁者になることを志向する。

　しかし私には更にもう一つ告白しておかなければならないことがある。私が「理解する」までに、私が思っていた以上にずっと時間がかかってしまった。長びかされた私の「転換」のプロセスは、他の人々の心の旅路がうまく行かなかったときに出る症状が出現していることなのかもしれない。

　私が被害者と作業を始めたときに、私の「レンズ」は変わった。私は、被害者の視点と司法への参加の重要性について話したし、それを信じた。それでもなお、振り返ってみると、私には、被害者にとって何が一番良いのかを私にはわかっていると依然として思い込んでいたふしがあるということがよくわかる。私たちは先ずプログラムを開始して、後で私たちのプログラムを支援し、運営するのを手伝うために被害者を招き入れることができるだろう、そして、彼らが話しに乗ってこなかったときには、私たちは、やるにはやった、と言えるだろうぐらいに見込んでいた。今になって私には、私は避けることのできない困難な対話を恐れていたということがよくわかる。今となって私は、現実の生活の中にはある、曖昧さ、逆説、矛盾といったあれこれの事柄を最小にしたいと思っていたということを認める。

　私がいつ転換したのかの日付を言うことはできない。しかし、今日、私は、被害者の参画と被害者擁護は、司法と名乗るものであれば何でも、その前提条

件でなければならない、ということを確信している。更に言えば、被害者になったことがない私たちのような者は、私たちが被害者の問題をモニターする責任を分かち合うことができるように、それらの問題に対する私たち自身の感受性を微調整する責任がある。

有色人種が、私たちの社会における人種と特権の戦略的行動にあたり監視と注意喚起の全面的な負担を負わなければならない、ということがあってはならない。ヨーロッパ系先祖を持つ私たちのような者たちには、私たちが継承してきた特権になるものに気づき、率直に意見を述べる責任がある。ジェンダーの問題について、女性だけがものを言う声でなければならない、ということもあってはならない。同様に、被害者とサバイバーだけが、彼らの重荷を背負わねばならない、ということがあってはならない。

正義は何を求めるのか。修復的司法は、私たちが私たちのレンズを変える必要を示唆している。そしてこれが、それと引き換えに私たちが私たちの質問を変えることを求めている。被害者のための司法は、もし私たちが私たちの司法制度を推進する古い質問に、私たちの基本的な焦点を合わせ続けるのであれば、役に立たないだろう。即ち、どんな法律が破られたのか。誰がそれをしたのか。彼らに相応しい報いは何か。

真の正義は、私たちが、被害者から始めることを求める。誰が傷つけられたのか。彼らは何を必要としているのか。誰の責務であり、責任なのか。基本的な「利害関係者」は誰で、彼らはどういう形で最も良く参加できるのか。私たちが、このような質問が私たちの司法の探求の骨組みを作ることを認めるときになってやっと初めて、被害者は彼らが受けて当然の地位を獲得するだろう。

本書は、修復的司法プログラムを促進するための試みではなく、修復的司法の一つの重要な原則をまさに反映している、即ち、被害者の声に耳を傾けなければならない、ということである。たとえそれらが多様で複雑であってもすべて聞かなければならない。たとえそれらが聞き難くとも、またそれらの論拠にしっくり行かないときでさえも、聞かなければならない。もし私たちが犯罪と司法に関して真の対話を持とうとするであれば、私たちはこれらの声に耳を傾けなければならない。もし私たちが正義を行おうとするのであれば、私たちはこれらの声に耳を傾けなければならない。

＊1 Bruce Shappiro, "One Violent Crime," *The Nation*, 3 April 1995, pp. 444-452.

*2 Quoted in *NOVA Newsletter*, 17／2 (1997),2.

*3 See, for example, Robert Johnson, *Death Work: A Study of the Modern Execution Process* (Pacific Grover, CA: Brooks／Cole Publishing, 1990), 128-130.

*4 *Judith Lewis Herman, Trauma and Recovery: The Aftermath of Violence-From Domestic Abuse to Political Terror* (New York, New York: Basic Books, 1992). 邦訳『心的外傷と回復』みすず書房、1999年。この論文は、随所でハーマンの重要な本を参考にしている。

*5 Quoted in *NOVA Newsletter*, 17／2 (1997), 3.

*6 William Ian Miller, *Humiliation* (Ithaca, New York: Cornell University Press, 1993.

*7 Herman, p. 72.

*8 Susasn Herman, Executive Director of the National Center for Victims of Crime. 実際には、犯罪被害者のための別々の、並行した司法制度を擁護した。

*9 Changing Lenses: *A New Focus for Crime and Justice*（Scottdale, PA: Herald Press, 1990／95). 邦訳『修復的司法とは何か―応報から関係修復へ』新泉社、2003年。

＊訳者注

Burma Shave――例えばこんな感じである（太字の部分が韻を踏んでいる）。結びは、ひげそりクリームの製造会社名、BURMA-SHAVE である。(http://www.montgomerycollege.edu/Departments/hpolscrv/mthomas.htm http://seniors-site.com/funstuff/burma.html より)。

THIRTY DAYS
HATH SEPTEMB**ER**
APRIL, JUNE
AND THE SPEED OFFEND**ER**
BURMA-SHAVE
30日といえば
ある（持っている）のは9月
と4月に6月
それに、スピード違反者
BURMA-SHAVE

YOU CAN BEAT
A MILE A MI**NUTE**
BUT THERE AIN'T
NO FUTURE **IN IT**！
BURMA-SHAVE

行けるね（勝てるね）
毎分1マイル
でもないよ
そんなことしたら将来が！
BURMA-SHAVE

IS HE LONESOME
OR JUST BL**IND**
THAT GUY WHO DRIVES
SO CLOSE BEH**IND**
BURMA-SHAVE
彼って寂しいのかね
それともただ目が不自由なんだろうか
あの運転してる奴なんだけどさ
追突してきそうなんだよね
BURMA-SHAVE

被害者問題に関する全米の情報源一覧

　以下は、情報源のリストである。情報提供に加えて、これらの諸機関の印刷物資料、ウェブサイトを通じて、米国及びカナダにある、これら以外の多くの、全米の、州の、また、地方の被害者組織とのリンクが可能となっている。

National Center for Victims of Crime（NCVC）

2111Wilson Boulevard, Suite 300
Arlington, VA 22201
Phone: 703-276-2880
800-FYI-CALL Helpline
http://www.ncvc.jp/

National Organization for Victim Assistance（NOVA）

1730 Park Road, NW
Washington, DC 20010
Phone: 202-232-6682
Email: nova@try-nova.org
http://www.try-nova.org/

Office for Victims of Crime（OVC）

Box 6000
Rockville, MD 20849-6000
Phone: 800-627-6872
http://www.ojp.usdoj.gov.ovc/

National Coalition Against Domestic Violence

Rita Smith, Executive Director
1201 East Colfax Avenue, Suite 385
PO Box 18749
Denver, CO 80218-0749
Phone: 303-839-1852
http://www.ncadv.org/

National Sexual Assault Resource Center

123 North Enola Drive
Enola, PA 17025
Phone: 717-909-0710

Canadian Resource Center for Victims of Crime

100-141,rue Catherine Street
Ottawa, Ontario K2P 1C3, Canada
Phone: 613-233-7614
http://www.crcvc.ca/

謝　辞

　本書のような企画は必然的に共同作業となります。本書に登場している方々との結びつきにご助力いただいた方々、とりわけ、デイヴ・グスタフソン、サンディ・バーゲン、エレン・ハルバート、ジョージ・ドナリー、ウイルマ・ダークスン、キャシー・バックリー、ミッシー・キング、マーシャ・ドルー、デイヴィッド・ドアフラー、ブルース・キットルの各氏に謝意を述べます。また、文章に関するアドバイス（feedback）については、全米被害者支援機構（National Organization for Victim Assistance : NOVA）被害者サービスのディレクターのシェリル・ガイドリー・ティスカ氏にも謝意を表します。担当編集者のフィリス・グッド氏のアドバイスは、計り知れないほど貴重でした。労を惜しまずにテープおこしをしてくれた、エレーヌ・ズック・バージ、ジーン・ガーバー、バーブ・トウズ・シェンク、マリソル・クルスの各氏は重要な役割を演じてくれました。ほぼ35年にわたる結婚生活を通じて、私にとって最重要な、支援と批評の元締めである、ルビー・フリーゼン・ゼアは、こちらの求めに応じてのものもあれば、彼女からの自発的なものも含めて、多くの有益な提案をしてくれました。

　また二人の方々が取り分け重要でした。ペンシルベニア州の知事の被害者提唱者（governor's victim advocate）であるメアリー・アキレス氏は二重の役割を果たしてくれました。即ち、彼女の企画への熱意と支援があったお蔭で、私は企画をやり通すことができましたし、彼女の率直なアドバイスのお蔭で、被害者団体に対して私自身を説明できる立場にい続けることができました。かつては私の教え子で今は同僚となった、タミー・クラウス氏は、アドバイスをくれるとともに大いに勇気づけてくれました。彼女の芸術的直感、物語性の感覚、全体的整合性への気遣いは極めて有益でした。これらお二人の支援がなかったならば、本書の出来映えはかなり異なったものになっていることでしょう。

　研究のための主たる財源は、Open Society Institute's Center on Crime, Communities and Cultureから支給された助成金でした。これは、被害者支援団体が、修復的司法の分野に関する、彼らの関心や考えを表明しやす

くすることを念頭に置いた、より規模の大きい、「聴き取り企画（Listening Project）」助成金の一部でした。これに加えて、Mennonite Central Committee（MCC）U.S. を通じて Schowalter Foundation からの助成金も提供されました。私は、本件での、MCC Office on Crime and Justice のディレクターのロレイン・スタッツマン・アムスタッツ氏の支援に感謝しています。Eastern Mennonite University には本企画の作業のために講義免除を認めていただきました。

　私は本書の著者の肩書きを与えられてはおりますが、真の著者は、自らの言葉と写真が公開されることを認めてくれた方々です。私は、本書で紹介させていただいた方々、そして、紙幅の関係からインタビューはさせていただいたものの、本書に掲載されることのなかった方々のお一人お一人に、深く感謝申し上げます。これらの方々の考え、想い、信頼感、共同作業は、真の贈り物でした。

ハワード・ゼア

写真撮影について

写真は、ハッセル 500C/M、150 ミリレンズ（折に触れて 80 ミリレンズ）を使用して撮影。フィルムは富士ネオパン 400、現像は D-76 1:1. 印画紙は、イルフォードの、Multigrade Warmtone RC で、特製オメガ引伸ばし機、カラーヘッド、シュナイダー・コンポノンＳレンズ使用。照明は、Westcott Halo の光量修正機の中で、White Lightning Ultra 600 と、時によっては反射鏡によって行った。折り畳み式の背景は、私のために、我が仲間同僚のスコット・ジョスト氏によって塗り直しが行われた。

ハワード・ゼア

著者＝写真家について

　ハワード・ゼア博士は、刑事司法の分野では、国際的に著名な、実践者、著述家、講演者、教師である。同博士は、現代の修復的司法運動の創始者の一人として認められている。博士の同分野の草分けとなる著書、Changing Lenses: A New Focus for Crime and Justice（『修復的司法とは何か――応報から関係修復へ』〔新泉社、2003年〕）は、広く、修復的司法における規範とみなされている。

　著者は、被害者／加害者調停における初期の先駆者の一人であったが、この分野とそれに関連した活動に関わり続けている。彼の関心の一次領域は、司法における、わけても、修復的司法プログラムにおける被害者の役割である。彼と同僚は、ティモシイ・マクヴェイ・オクラホマ・シティ爆破裁判において、連邦裁判所より、被害者と作業を進める上で弁護士を補佐するべく指名された。これが契機となって、ナイロビ、ケニヤの米国大使館爆破の生存者と、オクラホマ・シティ連邦ビル爆破の生存者との、交換訪問プログラムが生み出された。もう一つの成果が、現在進行中の、被告人側弁護士が、被害者の観点に敏感になるようにさせ、そして、死刑判決においてサバイバーの声を盛り込もうとする、先駆け（イニシアティブ）である。

　ゼア博士は、世界中の数十カ国において、講演、コンサルタント、訓練を実施してきている。博士は、北アイルランド、英国、ロシア、ジャマイカ、ボスニア、ニュージーランド、南アフリカ等の数多くの国々の、コミュニティグループ、警察、矯正機関で活動を行ってきた。

　博士はまた、熟達した、ドキュメンタリーのジャーナリスティックな写真家でもある。博士は、およそ20カ国で写真を撮り、プロのフォトジャーナリストとして活動してきたし、また、多くのフォトインタビューを行ってきた。出版された本の中には、Doing Life: Reflections of Men and Women Serving Life Sentences（Good Books, 1996）（『終身刑を生きる――自己との対話』現代人文社、2006年）がある。

　国際的な人道的支援組織の一つである、Mennonite Central Committee の全米刑事司法事務所長を19年間務めた後、ゼア博士は、1996年、ヴァージニア州ハリソンバーグにある Eastern Mennonite University の Conflict

Transformation Program（紛争変容プログラム）学科に加わった。これは、紛争変容と修復的司法の分野における、価値観に基づいた実践を強調する、国際的な大学院プログラムであり、教育と並んで、現在進行中の実践の基盤も提供している。

　ゼア博士は、学士号を Morehouse College（この歴史的にアフリカ系アメリカンの大学での、最初の白人の卒業生として）で取得、修士号は、University of Chicago で、そして博士号は、Rutgers University より取得した。ルビー・フリーゼン・ゼア夫人との間に二人の娘がおり、孫が二人。

訳者あとがき

　「スペイン＋イスパノアメリカ文学」の翻訳者としても目覚しい活動を続けている、我が畏友、野谷文昭氏（早稲田大学教授）が3年ほど前に、翻訳について語ってくれたことがある。「良い翻訳では、日本語が原因で引っかかるということはない。逆に日本語で引っかかるところというのは、それが誤訳であるかあるいは、消化されていない、つまり一つの文脈の中にきちっと位置づけられていない、ということで、訳者の読みが浅いということを示しているだけだ。」私が今回の翻訳に関わるようになってから今まで、というよりも今の今でも、この言葉が私の頭の中を駆け巡っている。願わくば、「引っかかる」ところのない、あるいは少ない訳文に仕上がっていて欲しいが、本書自体が持つ強烈なメッセージが訳文の至らなさを補って余りあると信じ、そう期待している。

　原著の副題にある、Reflections。実に見事な選択だと感じ入る。犯罪被害者の内省、熟考を映し出した言葉と、その外に向かって自然と滲み出た、というか写し出された表情（ポートレート）の書である。

　「一番最初の読者」でもある訳者としては、極めて平凡な表現ではあるが、一人でも多くの読者の方に本書をお読みいただき、原著者も述べているように、新しい司法の在り方に関心を持っていただき、議論を深める一つの素材としていただければこの上ない幸せである。何を隠そう。実は私自身が本書で初めて「修復的司法」なるものに出会ったのである。そして自らの問題として限りない興味を持つようになったのである。本書と同時に発刊された同原著者によるDoing Lifeの日本語版『終身刑を生きる——自己との対話』（現代人文社、2006年）も併せてお読みいただけると、そこに、取り返しようのない罪を犯した人がその罪故とは云え、文字通り「終身」刑務所で過ごすという生き方の中で何を感じ、考え、行動しているのかを知ることができ、一方でこれからの新しい司法の可能性を仄見ることができるともに、生きるということ、人を救すということに関しての、読者自身のより深いreflectionへのきっかけになるものと確信する次第である。

　このような重い課題を担った書の翻訳という大任を与えていただいたことに

心からの感謝を込めて。

　最後になったが、本書の翻訳出版にあたってご協力いただいた、東京ミッション研究所国際所長のロバート・リー（Robert Lee）、東京ミッション研究所所長の金本悟、東京ミッション研究所総主事の西岡義行、方南町教会元牧師の棚瀬多喜雄各氏に、この場を借りて感謝の意を表したい。
　また、本書の出版を快諾してくださった現代人文社の成澤壽信社長にお礼申し上げる次第である。

2006 年 6 月 10 日
西村邦雄

解説
ゼア博士自身の新たな体験の書

西村春夫

　犯罪被害者についてポートレートと自らの語りがゼア博士の手により1冊の書となった。これより5年前の1996年には同じ趣向で終身刑受刑者をカメラがとらえ、彼らの物語を付して1冊の書が作られた（"Doing Life"、邦訳『終身刑を生きる――自己との対話』現代人文社、2006年）。今回の書を前回のと比べると、ポートレートの背景は同じく無地であるが、より暗くなっており、また語りの部分が多くなっているので今回は39人と人数が少ないにもかかわらず全体の頁数は増えている。ゼア博士はプロ級のカメラマンであり、ポートレートは現場写真的産物であるよりも、人が自分に対面して語っている産物であると我々に教えている。被害者は（加害者もそうであると思うが）、押しつけでなく自発的に何回も物語を語ることによってストレス障害を脱し、癒えていくのだとゼア博士は強調している。それゆえ、被害者や加害者を取材対象として接することを博士は自戒し、物語が二人のあいだで語られる過程のなかで自身も変わっていく体験を得た。この書物はゼア博士にとっても新たな体験の書であると筆者は推察する。

　原著の題名、トランセンディング（transcending、超越すること）という語は、辞書的には山、木、崖、坂道を登るを意味するclimbから来ており、被害者学で使われる語ではなく、苦難や障害を乗り越えている、乗り越えようとしている、あるいは乗り越える足がかりを模索している被害者をイメージ化するためにゼア博士が使ったものである。本書では超越した人物だけが登場するわけではない。日本語では「超越する」は中途半端で諦めることを暗示することもあるから好まない人もいるかもしれないが、著者のイメージは、2部冒頭のバーマひげそりクリームの道路脇の看板の比喩にあるように「一歩一歩辿る旅路」である。

　ポートレートの大写しと彼らの物語を実名を付して世に出すのは容易なことではないだろう。ゼア博士は使命感に裏づけられてそれを達成した。とくに個人情報保護法に対する過剰反応下の日本の現状では同類の書の出版はまったく不可能に近いと筆者は推察する。

とはいえ、今でこそ英米も日本も被害者がメディアに登場するのは稀なことではなくなったし、司法でも禁制ではなくなったが、2000年10月21日の朝日新聞「観測点」では飲酒運転で命を奪われた息子の遺影を母親が刑事法廷に持ち込もうとして裁判長に拒否された事例が論じられている。拒否の真の理由は被告人を心理的に圧迫するためだったのかと後日知って、母親は残念至極な思いをしたとある。筆者は被害者学の講義の時この事例を受講生に示すが、2つの意味が込められている。①被害者が遺影拒否という刑事司法の不適切な扱いによって起こった被害者の名誉の傷つき、すなわち2次被害化である。②この裁判官は、記事によると実際、被害者によく心配りする人物なのであるが、遺憾ながら現今の刑法思想、刑事手続における被害者排除の体質がこの裁判官をして遺影拒否の態度をとらせたと理解されてよいのである。

これより前、近代法が日本でも確立し、民事責任と刑事責任が明確に分離された。これにより刑事手続は、損害回復など、被害者への配慮から解放され、犯罪の将来防止を合理的に追求することができるようになったとされた。これをもって社会制度の進化であると高名な刑法学者は明治42年刊行の著作で述べているという（所一彦「民・刑の文化と統合」日本法社会学会学会報No.51〔1999年〕）。この考えがおよそ100年続いて先ほどの遺影の持ち込み拒否につながっているわけである。

今、この事件が象徴するように、刑事司法体系の持つ被害者疎外の体質が厳しく問われ、改善策が進められている状況である。第1は民・刑の峻別を改めて統合へ、第2は司法手続への被害者の高度な参加が主張される。第3の道が、ゼア博士も唱える修復的司法ないし関係修復正義である（後述）。この道は現行司法の改善策というより、司法の枠組みの全面転換を意味する。

＊

本書は2部構成になっていて第1部はインタビューの成果としてのポートレートと語り、つまり被害者の内省的物語、第2部はゼア博士の内省、そこでは被害者の精神的外傷、被害体験をこえようとする営みの旅路、修復的司法論、ゼア自身の旅路について考察される。本書に登場する被害者は内省できる心境に達した被害者であるから、被害者という母集団から切り取られた一部である。被害者の代表的見解として読むことはできないであろう。インタビューを断る被害者に面接はできないから、編纂の限界は当然あろう。

第1部では、著者は被害者と加害者の双方の人間回復をいつも念頭に置いている。インタビューという営為を通して、世上、加害者や被害者を血の通った

人間として見ないようにしていること（断罪する対象としての犯罪は理性的、理論的に構成され、人間味を入れないことを良しとする。ただこの考えがすべて悪いというわけではない）について警告し、犯罪を血の通った人間による血の通った人間に対する侵害と解するよう提言し（これは現実結果というより認識の問題である）、被害者についての固定観念の打破を目指している。同様、犯罪者についての固定観念の打破も重要なテーマの一つである。

　被害者と加害者の双方の語りを聞くことを通して学んだ重要な教訓は、自己の物語を語ることの重要性であるという。自己洞察はインタビューする人の慎重な質問と、返答のフィードバックを通じてできてくる。フィルムを現像して後刻ポートレートを彼らに贈るとポートレートのなかに自分の姿を見ることで自己理解が促進されるという。犯罪被害者にとって被害の苦悩は（犯罪者にとっても加害の苦悩はある）、自分は誰であり、何であるかの物語への自己攻撃から生まれ、生きることの意味の衰退化から来る。癒えるためには自己の物語を回復しなければならない。あるいは回復に留まらず、起こった恐ろしいことを入れ込んで新たな物語を創る。苦悩は、忘れ去られることはないが、悲しい記憶の一部は新たな物語の一部になる。それが本書でいう、意味を取り戻すこと、物語の創造である。被害者、加害者の写真集を作る動機は生きる意味と自己確認（アイデンティティ）を再構築するのに役立てたいからであるという。2部の後半で心的外傷から回復する旅路として4つの旅路が述べられているが、その一つは新しい生きる意味を求めての旅路である。回復の旅路は順風満帆というわけにはいかない。真相の解明にしても被害者の内なる声は「もっと進め」と「この程度で収めたい」という2つが交錯するだろう。また「言葉で言い尽くせない、経験したことのない人には分かるはずがない、傷はもっと深い」という自我の防衛機制（臨床心理学の概念としての）が働くだろう。筆者（1980年）はかつてこれを山口昌男を転用して被害の尊厳性、聖性の感覚（人間学的な概念としての）と称したことがある。被害者を含め通常、人は他人から心理学的に分析されることを好まないが、人間学的に共感を持って理解されることを好む。しかし、専門家の分析を必要とする事態はある。ゼア博士のインタビューはそこら辺を心得ている。

　本書を読者が読む時（あるいは一般に人が被害者の声を聴く場合に拡張して考えてもよい）、ありのままの理解を妨害するものとしてゼア博士は2点の注意を喚起している。1）我々の側の自我の防衛機制（語りを聴いたときのショック、驚き、心的動揺を緩和するための心理的対応の仕組み。聞き流すとか、無関心を装うとか、過度に

同情を示すとか、聞き手に都合のよいように解釈するとか、いろいろな対応の仕方がある）であり、2）被害者について固定観念に縛られ目が曇らされていることである。本書に期待するところは、①読者が心理的警戒心を解き、②防衛や固定観念を打破し、③率直に理解するよう促し、④分からないことは分からないでいいからそのまま受け入れるようにとゼア博士は願っている。被害者の超越的言辞（トランセンデンス、今は毎日が充実しているとか、悩みはないとか、趣味に打ち込んでいるとか）だけに関心を奪われて被害者が本当は心の奥底に持っている心的外傷を軽く見ることのないよう（この意味は、読者が被害者の話す超越的言辞にのみ注目して、被害者の心的外傷は深くないと速断することのないよう）読者に注意を喚起している。著者からこのような態度が自然に話されなければ、個々の被害者のポートレートが実名付きで公開されることには被害者を含め誰もが賛成しないだろうし、倫理的に正当化されないだろうと筆者には思われる。これは、当節個人情報保護法への過剰反応が問題になっている我が国において法律云々の話を逆に超えている。

＊

　第2部は、心的外傷を説明し、それらを乗りこえる4つの旅路を明らかにし、修復的司法を回復に必須として紹介する。先ず心的外傷については被害者に起こる3つの危機として、すなわち1）秩序に根ざす安全感の危機、2）自主・自律の感覚に基づく有能感の危機、3）関係性の危機、として定式化する。それぞれの危機はどのような形で被害者に現れるかについて筆者がゼア博士の記述からまとめるならば、①犯罪を含めて世の中の出来事は被害者にとっては秩序、つまり筋道立って説明できなくなる。被害に至る真相を知りたいという要求は被害者自身の頭で生活世界を再編成したいことに他ならない。メディア報道や判決書が示す犯行の解明では被害者の納得にはほど遠い。②相手にやられて最早どうしようもないという無力感に襲われる。やられたことを跳ね返し、自己コントロールを回復する必要を生じる。③およそ誰も信じられなくなり、他人から受け入れてもらえないと思う。自分から引きこもるか、世間の目を気にしてひっそりと暮らす。社会のネットワークのどこに自分を位置づけたらよいのか迷い、孤立感を味わう。

　心的外傷から回復することは心理治療や説教・訓戒ではなく、被害者の心の旅路にたとえられる。ゼア博士は4つの旅路を提言している、すなわち、①新しい生きる意味を求めての旅路、②名誉と尊厳を求めての旅路、③立証（vindication、自己の正当性、潔白性、相手加害者の有責性の証明）を求めての旅路、④

正義への旅路である。正義への旅路において従来の司法は批判され、新しい司法の持つべき条件が示される。それがゼア博士が構想する新生の修復的司法に他ならない。

これらゼア博士の心的外傷と回復の理論的、具体的な記述はJ.ハーマン（1992）：Trauma and Recovery（邦訳、『心的外傷と回復』〔みすず書房、1996年〕）をしばしば参照したという。ハーマン医師は日本の被害者支援家にも高く評価されている。ただ、両者はともに癒しを目標にしているが、ハーマン医師とゼア博士が違うところは、そこに向かう旅路で行き交う司法（ないし正義）と人生の立ち向かいの描き方である。

前者ハーマン医師では、有意義な社会行動に参加しているという感覚があるならば、生存者（筆者注、被害者、その遺族のこと）は強い立場で加害者との法廷闘争を行うことが可能になるのだという。……外傷の克服・回復への意志は加害者と対決しようという意志をふるい立たせ、加害者が恐怖によって自分を支配することはできないと思い知らせ、彼の犯罪を他の人々の目に曝してやったのである（邦訳333頁以下、筆者の要約あり）。そうは言っても法廷闘争を行う法廷ないし法的手続は被害者に都合よくできていないとハーマン医師ははっきり言う。むしろ法体系は被告人男性の権利は強力に保証するが被害者女性の権利は根本的に保証しない。事件の記憶を突然に蘇らせ、心的外傷後症状（PTSD）を誘発する最高の場（2次被害の受傷の場）を作ろうとしたら法廷こそがもっともふさわしいと皮肉に法廷の有り様を告発する。もっとも近時は日本も含め各国とも司法当局は被害者に優しい法廷作りを目指しているようであると筆者は印象を持つ。ハーマン医師にとっては、もっともよく回復する女性のイメージは、身を潜めることなく社会運動に加わり、悲劇の枠を超えてみずからの体験に意味を見出す人である（同上邦訳109頁以下、筆者の要約あり）。

後者ゼア博士が抱く欠陥法廷のイメージはハーマン医師と確かに大差ないはずである。続いて博士の主張するところは違ってくる。法体系ないし刑事法廷は関係当事者すべての経験を実は国家が盗み取り、関係当事者の諸々のニーズに合わせて作られていないと述べて法体系の改革からスタートする。「盗み取り」は、N.クリスティ（1977）がConflict as Propertyにおいて展開した、画期的な見解を踏襲している。彼は元々市民間の紛争であった事件を国家が被害者から簒奪して国の法秩序違反としての「犯罪」と改めて概念化し、領主や国家が堂々と介入した結果、現今の刑事司法が誕生したという。被害者と加害者との間で私的に遣り取りされた弁償金は罰金として加害者が領主や国に公的に

納めるものとなった。つまり奪ったと立論した。一方、ゼア博士では、関係当事者の経験（筆者注：記憶、感情、認識、思い、意志などの総体）は、彼らの思いや期待に関係なく、国家の刑事手続のなかに犯罪立証の証拠としてのみ必要な範囲で断片的に組み込まれるだけである。これを「盗み取り」というわけである。犯罪者が国家の秩序（刑法的な法秩序）を破ったゆえに理論構成上国家が被害者であり、かつ訴追者とされるから、受刑した犯罪者は実際に苦しんでいる人（前述、血の通った被害者）のことを刑務所のなかにいて思い出さずに済む。罪の意識と責任に本気で取り組まず（著者の現行司法システムの批判、筆者の贖罪教育の限界の指摘）、国家という強大な権力から（具体的には刑務所当局から）いかに身を逃れるかを正直なところ毎日絶えず考えている血の通っていない犯罪者となる。「ドロップインセンター」において加害少年のソーシャルワーカーとして働く市川行康氏は少年院歴を持つ少年との日常会話で、少年院の場合だが、これと同じような証言を得たと報告した（2006年6月4日、第6回少年犯罪被害者支援弁護士ネットワーク、経験交流会におけるパネルトーク）。犯罪者を犯罪戦争における敵と比喩化することによって犯罪者に対するあらゆる懲罰的行動を、人権侵害の行動をすらも、私たちは正当化して憚らないのだとゼア博士は述べる。そこは対決の場で、刑事訴追者（国＝被害者）と被告人（犯罪者）は法律専門家を立てて勝ち負けのバトルを展開するのに対し、著者が唱える修復的司法の場であるカンファレンス（会話協議）では関係当事者が自由に参集して協議の場を作り事件解決の合意を皆で模索する。

　現行の司法が刑罰（応報の罰、閉じこめるための罰だけでなく、改善教育のための罰でもありとするのが一般的見解であるが）を事とする刑事司法であるのに対し、修復的司法は償いを事とする「償事司法」であると筆者は提唱する。

＊

　以下修復的司法について本書の2部と、同じくゼア博士の著である『修復的司法のリトルブック』(Good Books, 2002, 翻訳出版の予定がある) を参照してその要点を書いて解説を閉じたい。

　修復的司法の中心には事態を健全化する（making things right、あるいは putting right）という発想がある。ここで right とは健全化の意味であり、法律的不正を質して正しくするのではない。この語句は加害者サイドが被害者や被害を与えたコミュニティに対して害悪的影響を修復するべく積極的行動をとる責任を暗示する。ところで、修復、回復、元に戻すなどの言葉に出会うと、多くの重大犯罪の被害者は、失ったいのちを取り戻せるか、原状回復は不可能であると

反発するだろう。2児を殺された母親はゼア博士に「あなたは新しい人生を建設、あるいは創造します。私もそうです。私は古い人生の二つの作品（筆者注：2人の亡き子どもたちのこと）を新しい人生にはめ込むのです」と語る。加害者が事態を健全化するように努めるとき被害者は癒しの方向に支援されていると言える。しかし、多くの被害者は癒しという言葉は最終到達点を意味するゆえにこの語に賛否相反する感情を持つという。癒しに向けての旅路は、決して全面的に回復されなくとも、被害者自身の決めるものである。また、健全化は、害悪的影響に取り組むと同時に、犯罪の原因にも取り組むことを求める。コミュニティは犯罪を引き起こした原因的状況を作った点で被害回復や、加害者の立ち直りを支援する責務を持つ。修復的司法の視界を犯罪・非行の地域構造的原因への取り組みにまで拡大する考え方は変容的正義（transformative justice）という修復的司法のラジカルな視座に発展する。理想的にいえば、修復的司法過程は人々のニーズ、責任（責務）、期待を探求する触媒かフォーラムを提供するのである。

　ここで修復的司法とは何か、定義は学者により表現の違いがあるが、考察する。国連の第11回犯罪防止刑事司法委員会（2002年）の修復的司法の利用に関する改訂基本原則では細かい書き方をしないで、「修復的プログラムとは、修復的過程を用いる、あるいは修復的目的の達成（成果）を目指すプログラムである」と書いてあると筆者は紹介した（細井洋子／西村春夫／樫村志郎／辰野文理 編著『修復的司法の総合的研究』〔風間書房、2006年〕9頁）。定義を作るに際し過程重視と目的重視の二つの立場の違いが鮮明であり、結局、両論併記に落ち着いたと推測する。目的重視の立場からは現行の刑事司法のなかで出てくる、たとえば、罪の一部としての社会奉仕命令とか墓参命令、賠償命令の判決は刑務所行きの刑罰ではないから十分修復的なのであるとされる。しかし、過程重視論者からみれば従来形式の裁判のなかで出た職業裁判官の決定がどうして修復的プログラムと言えようかという批判となる。

　著者は過程重視の立場に立ち、以下のような定義を示している（前掲『修復的司法のリトルブック』原著37頁）。修復的司法とは、①癒しとできるだけの健全化に向けて、②特定の犯罪に関係を持つ人々に参加してもらって、③害悪的影響、ニーズ、責務を人々が集まる場で確認して取り組むところの、④過程である。この定義についてゼア博士の主張を中心にし、筆者なりの見解を加味して補足をすることにより修復的司法の概要の説明に代えたい。定義の終わりの部分④から①へ逆順に説明する。

④**過程について**

　カンファレンス（会話協議）の準備から実施、合意の作成と履行、アフターケアに至る全過程は修復的に行わなければならないということである。「始めに修復的司法ありき」ではなく、重罪の場合はとくに被害者、加害者に十分サポートがなされているうちに修復実践の機が熟する。過程は国家の強制手続により実現されるのではなく、あくまで自発的な、心と心のふれあいの賜物として生まれるのである（出会いとしての過程＝エンカウンター）。人の怒りも微笑も、成功も失敗も一転してふれあいが生まれる機会となり得る。出会いとしての修復という考え方はあまりに理想的だ、何らかの強制なくして、あるいは制度的保障なくして被害者と加害者が会う気になれるのか、という懐疑の声が出るだろう。制度化を前提にすることでは発想が逆転している。制度化が進めば進むほど、ふれあいの感覚は遠のいて行政の実績・成果主義が正面に出てくるだろう。これは怖い話である。始めはお互い敵同士でも過程が進行するにつれて同じような人間だという感覚が生まれることが期待されるし、そうでなければ合意は成立せず、会話協議は挫折する、それでよい、それ以上の何ができるのだろうか。無理に参集者を結びつけ合意に至らせようとするのは役所仕事の修復的司法だろう。

⑤**害悪的影響、ニーズ、責務を人々が集まって取り組むことについて**

　事件が起こり被害者は害悪的影響をこうむる。害悪的影響、ニーズ、責務（obligationの訳であるが、責務と責任＜responsibility＞は区別しがたい）の3者は相互に関連している概念である。たとえば、ニーズが侵害されて害悪的影響が現れるし、害悪的影響を修復するため責務が発生する。事件を犯罪ととらえるのは現行の刑事司法であるが、修復的司法は被害者がこうむった害悪的影響（物的、精神的、霊的な打撃の一切）を被害者に語ってもらうことから始める。一説では謝罪から始める。刑法体系が事件を法益侵害としての犯罪ととらえたために事の本質（修復的司法家が考える害悪的影響なるもの）は見失われるか軽視されるのである。害悪的影響の裏にはニーズ侵害があるから、その被害者のニーズは何か、何であったかを修復的司法は常に始めに考える。

　刑事司法の手続は被害者ニーズの充足にとって何の役にも立たないと著者は主張する。ハーマン医師が心的外傷を増幅させるだけだというのと同じ論調であるが、さらに多くの被害者支援家は修復的司法も心的外傷を増大させると考えているようである。修復的司法は加害者、コミュニティ、とくに被害者のニーズに取り組む司法として出現したということもできる。被害者のニーズを

中心に考えるとすると、極端な話、たとえ被害者が極刑を望んでいても両人が会うことを望み、出会いの場が安全に作られるならば、会うことになる。仮に合意ができなくても、再会（事件の時1回会ったと象徴的にいえば再会である）したという厳粛な事実は残るだろう。

　被害者が司法に求めるニーズとしてゼア博士はとりあえず5項目を挙げる（本書199頁）。すなわち、①怒りや恐怖、悲しみを誰からも非難されずに表明できる安全な場（safe space）を作ってほしいこと。②何らかの形の損害回復あるいは弁償（restitution or reparation）を実現してもらいたいこと。これらの償い事は被害者には事件の責任はないことの立証（vindication or validation）、公平のバランス（equity）の回復を象徴していることにおいて重要な意味を持っている。③事件の真相に対する筋の通った解答を得たいこと（answers to questions）。④真摯な人々に事の真実を繰り返し語りたいこと（truth-telling）、それを通して自己確認が着実になる。⑤無力感から解放され自信や生きる力を復活させたいこと（empowerment）である。

　ニーズにしろ、責務にしろ、これらは加害者だけが持ち、負うものではなく、事件解決に集まった被害者、コミュニティの人々もその立場に応じてそれぞれ持ち、負うものである。たとえば、被害者のニーズの一層の充足にコミュニティが支援することはもちろん、加害者の償い、立ち直りなどに関わる合意事項の履行についても被害者、コミュニティは加害者を支援するべき責務がある。修復的司法をバックアップする有力な理論の一つは、J. ブレイスウェート教授のコミュニティへの「再統合の恥付け」理論だからである。

　関係の人々が集まる場として、刑事法廷に替わり幾つかの方式、名称が工夫されてきたが、被害者―加害者和解プログラムや被害者―加害者調停などは問題含みだとして著者は最近は調整司会役が話の環に入るダイヤローグ、家族集団カンファレンス（会話協議）を推奨しているようだ。その他にも世界各地には違った方式、名称がある。実施の段階は様々であり、刑事司法のすべての段階、刑事司法場外のＮＰＯへの委託など熱意と工夫次第であろう。

　カンファレンスはお互い話せば合意に達するという楽天的なものではないだろう。合意は妥協というより一つの価値の創造であると考えるべきである。話の環の中に入る調整進行役は精神的、技術的トレーニングを必要とする。未熟な調整司会役が行う修復カンファレンスは、熟練の裁判官が行う刑事裁判より悪い。逆に有能で共感的な調整司会役が行う修復カンファレンスは、法律で武装した、非・共感的な法曹家が行う刑事裁判より良い。

②関係を持つ人々の参加について
　修復的司法では事件の関係当事者が集まって知恵を出し合う形式であり、職業的法律家はあまり歓迎されない。そして集まる当事者のなかで中心となるのは被害者である。被害者中心であるというのは、言い換えれば被害者の壊されたニーズの修復（修復でなければ新生、創生というべきもの）を中心的に会話の環が進められることである。
①癒しと、できるだけの健全化について
　会うには謝罪の気持ちが片鱗でもあることが前提とされようが（すなわち犯罪事実を厳しく争っている事案は向かないが、なぜならカンファレンスは捜査や事実認定の場でないからである）、赦しや和解を第一にしないとゼア博士自身が述べている。健全化については既に述べたので省略する。
　この解説も最後の段に来ている。修復的司法を「修復的司法は……である」というように肯定形で言い切ることはその途端、固定観念が走り出すであろうから、その点をゼア博士は深く懸念していて9個の「ないないづくし」で修復的司法を逆方向から描いている（前掲『修復的司法のリトルブック』原著8-13頁）。筆者の注記を少し加えつつ以下紹介したい。

①赦しや和解を第一にしない［第一にするという誤解、偏見が広まっている］。
②権威的調停ではない。
③再犯減少を第一に企画しない［修復的司法は何かの犯罪政策実現の道具ではない。あくまで被害者中心の思想である。それ自体が善である］。
④決まったプログラムや青写真ではない［修復的司法は各人の創造である］。
⑤軽い犯罪や初犯者への取り組みを基本としない［実施の対象は実施者側の方針や都合よりも被害者自身及び参加希望者が決めるべきものである。③と同じく対策の道具ではない］。
⑥それは近代アメリカで開発されたものではない［古代はすべて原始的、復讐的文化であって近代は理性的な応報主義に進歩したという進歩史観をゼア博士は批判する。今の修復的司法は決して近代の発明ではなく、過去に存在した先住民族の和解の儀式から学ぶべきものであるという。古代にも和解の慣習があったとすると、現代の復讐心は、時空を超えて脈絡と続いてきた人間の自然な本能だという見解は怪しくなる。人間は復讐心も赦し心も潜在的に持っており、その時代時代でいずれか一方を強く学習すると筆者は考える。また古代に戻らずとも現代の生活世界でも、トラブルを公的機関に届ける前に被害者加害

者双方が非公式に和議していることがしばしば見られ、それをなぜ修復的司法と考えてはいけないのかとジョンストン教授（邦訳、『修復司法の根本を問う』成文堂、2006年）は示唆している］。

⑦万能薬でも、法制度の必然的代替でもない［万能薬と思い違いして、逆に修復的司法の限界をことさらとりあげて攻撃する人がいる。既存の法体系も修復司法体系も限界を持つ］。

⑧必ずしも刑務所不要論ではない［全面的な刑罰廃棄の思想態度はとらないということであろう。ただ、社会運動としての廃棄運動（abolitionism）は否定されない］。

⑨必ずしも応報の対極にあるものではない［応報あるいは復讐と、赦しとの中間項の司法もゼア博士は認めるようだ。現実的な考えだが、修復思想が変質するおそれもある］。

　修復司法は枠がないものである。あるとすれば、せいぜい3、4カ条の原理原則と市民的自由及び人間の尊厳性の信条だろう。肯定形の文章にすることの危険、つまりそれらの文言が一人歩きして固定観念化する危険を重々認識しつつも我々各人がどういう肯定形で表される特徴を持った修復的司法を創っていくのか、ゼア博士ではなく我々の責務である。

＊

ゼア博士の略歴、遍歴について

　著者ゼア博士は、第2部において被害者がこれから辿る4つの旅路を紹介したあと、修復的司法の実践家、理論家へと進む自らの旅路を述べている（本訳書200頁以下）。被害者の旅路と自分の旅路を重ねているのはここで自分の旅路を告白する意味があると著者は感じているのだと筆者は推察する。それから末尾では著者であると共に写真家でもある彼の紹介がなされている（訳書211頁）。二つの資料を総合して教授の像を描くことにする。

　博士はアフリカ系のアメリカの大学、Morehouse University で最初の白人卒業生として学士号を取得した。そのあと、シカゴ大学で修士号、ラットガース大学から博士号をとり、2004年現在、バージニア州の東部メノナイト大学において修復的司法の教授であり、大学院における紛争変容プログラムの指導教官でもある。2003年にPrison Fellowship International から第1回修復的司法賞を受けた。実践界、学界では修復的司法の大祖父と認識されている。

　学業を終えて刑事司法の職をスタートしたときは被害者をほとんど知らず、

知りたいとは思わなかったと述懐する。彼にこういう態度をとらせた理由は、仕事上関与していた刑事司法制度の持つ、国家・対・被疑者被告人という敵対関係の枠組みを無自覚に受け入れていたからだと分析している。その後、1977年インディアナのエルクハートに移り合州国初めての被害者加害者和解プログラム（VORP）に加わり、1978年にこのプログラムの責任者になった。ゼア博士は1978年に合州国のこの地で初めて（その前、1974年にカナダのキッチナーで少年審判のなかで保護観察官同行による戸別訪問・謝罪の形として行われたのが近代刑法の国では初めてである）被害者と加害者に出会いと対話の試みを行った。これを契機に教授は被害者の物語を聴き、ニーズやものの見方を理解することの重要性を感じ、今までの刑事司法の前提に疑問を持つに至ったという。被害者が正義の追求において中心的でなければならないのである［被害者中心司法の思想のこと］。1995年のオクラホマ連邦政府ビルの爆破事件の審理で弁護士が被害者にアプローチする際に補佐するよう著者は同僚と共に連邦裁判所から指名されたことがある。その経験から社会的大事件の被害者同士の交換訪問プログラムを生み出し、また、被告人弁護士が被害者の観点に一層目配りしたり、死刑事案に被害者遺族の声を盛り込む社会運動のグループを生み出した。理論家としては1990年、「Changing Lenses：A New Focus for Crime and Justice」を著した。書名を Changing Lenses としたのは著者が写真家でもあるから視点を変えることを暗示したかったからだろう。

　この1冊の書を読者が，異郷にある人から発信された模範的な記念品として接するのではなく，できることなら，ご自分の「自己探求」，「自己確認」への旅路のまさに伴侶の一つとして接するようにしたらいかがか，というのがゼア博士の望みであろうと筆者は推察する。

最後にゼア博士の出版物について紹介したい。

- Zehr, H. and B. Toews (eds., 2004). Critical Issues in Restorative Justice. Criminal Justice Press and Willan Publishing.
- MacRae, A. and H. Zehr (2003). The Little Book of Family Group Conference: New Zealand Style. Good Books.
- Zehr, H. (2002). "Journey to Belonging." In E. Weitekamp and H-J. Kerner (eds.), Restorative Justice: Theoretical Foundation. Willan.
- Zehr, H. (2002). The Little Book of Restorative Justice. Good Books.
- Achilles, M. and H. Zehr (2001) "Restorative Justice for Crime Victims: The

Promise, The Challenge," In: G. Bazemore, G. Schiff and M. Schiff (eds.), Restorative Community Justice: Repairing Harm and Transforming Community. Anderson.

- Zehr, H. (2001). Transcending: Reflections of Crime Victims. Good Books. 邦訳、西村邦雄訳、西村春夫・細井洋子・高橋則夫監訳『犯罪被害の体験をこえて――生きる意味の再発見』現代人文社、2006 年。

- Toews-Shenk, B. and H. Zehr (2001) "Restorative Justice and Substance Abuse: The Path Ahead." Youth and Society, 33 (2): 314-28.

- Zehr, H. (2000) "The Path to Justice: Retribution or Restitution?" In: C. Schrock-Shenk (ed.), Mediation and Facilitation Training Manual: Foundation and Skills for Constructive Conflict Transformation, Fourth Edition. Mennonite Conciliation Service.

- Zehr, H. and H. Mika (1998). "Fundamental Concepts of Restorative Justice." Contemporary Justice Review, 1 (1): 47-55.

- Zehr, H. (1996). Doing Life: Reflections of Men and Women Serving Life Sentences. Good Books. 邦訳、西村邦雄訳、西村春夫・細井洋子・高橋則夫監訳『終身刑を生きる――自己との対話』現代人文社、2006 年。

- Umbreit, M. and H. Zehr (1996). "Family Group Conference: A Challenge to Victim Offender Mediation? " Victim Offenders Mediation Association Quarterly, 7(1):4-8.

- Zehr, H. (1995). "Justice Paradigm Shift? Values and Visions in the Reform Process." Mediation Quarterly, 12(3):207-16.

- Zehr, H. (1990). Changing Lenses: A New Focus for Crime and Justice. Herald Press. 邦訳、西村春夫・細井洋子・高橋則夫監訳『修復的司法とは何か――応報から関係修復へ』新泉社、2003 年。

- Zehr, H. (1989). "Justice: Stumbling Toward a Restorative Ideal." In: P. Arthur (ed.), Justice: The Restorative Visions. New Perspectives on Crime and Justice (Issue #7). Mennonite Central Committee Office of Criminal Justice, pp.-15.

- Zehr, H. (1985). "Retributive Justice, Restorative Justice." New Perspectives on Crime and Justice (Issue #4). Mennonite Central Committee Office of Criminal Justice.

- Zehr, H. (1985). "Mediating the Victim-Offender Conflict." New Perspectives on Crime and Justice (Issue #2). Mennonite Central Committee Office of Criminal Justice.

- Zehr, H. and M. Umbreit (1982). Victim Offender Reconciliation: An Incarceration Substitute?" Federal Probation, 46(4):63-8

(にしむら・はるお)

執筆者・翻訳者・監訳者プロフィール

ハワード・ゼア（HOWARD ZEHR）米国・東部メノナイト大学教授
西村春夫（にしむら・はるお）常磐大学大学院教授
細井洋子（ほそい・ようこ）東洋大学社会学部教授
高橋則夫（たかはし・のりお）早稲田大学法科大学院・法学部教授
西村邦雄（にしむら・くにお）東洋大学社会学部非常勤講師

犯罪被害の体験をこえて
生きる意味の再発見

TRANSCENDING
REFLECTIONS OF CRIME VICTIMS
portraits and interviews by HOWARD ZEHR

2006年7月14日　第1版第1刷発行

編　著	ハワード・ゼア
監　訳	西村春夫・細井洋子・高橋則夫
邦　訳	西村邦雄
発行人	成澤壽信
発行所	株式会社現代人文社

〒160-0016　東京都新宿区信濃町20　佐藤ビル201
電話=03-5379-0307（代表）　FAX=03-5379-5388
Eメール=daihyo@genjin.jp（代表）
hanbai@genjin.jp（販売）
Web=www.genjin.jp
振替=00130-3-52366

発売所	株式会社大学図書
印刷所	株式会社ミツワ
装　画	押金美和
装　幀	清水良洋（Malpu Design）
本文デザイン	佐野佳子（Malpu Design）

検印省略　PRINTED IN JAPAN
ISBN4-87798-303-1 C0036
©2006　Nishimura Kunio

本書の一部あるいは全部を無断で複写・転載・転訳載などをすること、
または磁気媒体等に入力することは、法律で認められた場合を除き、
著作者および出版者の権利の侵害となりますので、
これらの行為をする場合には、あらかじめ小社また編集者宛に承諾を求めてください。